KB105523

다시 내가 되는
길에서

마중물샘의
회복 일지

길에서 다시 내가 되는

∴ 최현희 지음

위고

●

나는 마중물샘의 팬이다. 처음에 마중물샘이 어떤 분인지도 모르고 SNS의 기운이 너무 좋아서, 그다음엔 블로그에 올리시는 글이 너무 좋아서 팬이 되었다. 그의 글에는 여러 가지 기운이 있었다. 맑은 시냇물처럼 졸졸 흐르다가 어느 날엔 푸른 바다 같은 큰 사랑을 보여주는데 푸름 너머로 언뜻 절망이 보이는 듯도 했다. 그리고 뒤늦게 마중물샘이 어떤 일을 하셨는지, 어떤 일을 겪었는지 알게 되었다.

큰일을 하는 사람은 나와 다른 사람이라고 생각했다. 영웅으로 태어난 사람은 강하니까, 험한 일을 겪어도 멀쩡할 것이라고 생각했다. 세상은 누군가의 용기로 나아지지만 그 사람이 어떤 터널을 통과하는지 우리는 잘 모른다. 아마 모르고 싶은지도 모르겠다. 마중물샘은 꼬물꼬물 나아간다. 두물머리를 힘차게 걷고, 너무나 귀여운 아이 별이와 깔깔 웃고, 그러다 무너지고, 접어두었던 어두운 감정에 졌다가, 해가 뜨면 다시 일어난다. 모든 과정에는 유머와 다정함과 시시껄렁함이 있다. 그게 얼마나 귀한지. 나는 정말 마중물샘의 왕팬이다.

——오지은(작가, 뮤지션)

●

최현희 선생님과의 첫 만남은 잘 기억나지 않는다. 최현희
선생님의 책을 소개하는 글의 첫 문장으로 하기에는 허무
한 말이지만, 사실이 그렇다. 나는 당시 강남역 살해사건
이후 성평등한 교육을 함께하기 위해 모인 선생님들의 모
임인 초등성평등연구회에서 활동하고 있었고, 최현희 선
생님이 일원으로 있는 전교조 서울 여성위원회와는 처음
으로 만나는 자리였다. 내가 최근에야 시작한 고민을 오랫
동안 해온 사람들을 만났다는 사실에 설레고 벅차하느라
한 명 한 명이 어떤지는 생각할 겨를도 없었다. 따뜻하고
활기찬 얼굴들, 적극적인 환대의 분위기만이 기억에 남았
을 뿐이다.

최현희 선생님과의 두 번째 만남은 선명하게 새겨져 절대
잊을 수 없을 것 같다. 선생님의 인터뷰 이후 인터넷 남초
커뮤니티와 보수 학부모단체로부터 부당한 공격이 쏟아지
고 있는 중이었다. 공격에 맞서고 선생님을 돕기 위해 할
수 있는 일이 무엇일지 의논하기 위해 만났다. 얼굴은 의연
했는데, 회의를 하는 두어 시간 내내 온몸이 잡아당긴 활줄

처럼 팽팽했다. 그날 본 그 모습으로부터, 매번 만날 때마다 선생님은 부피가 점점 줄어들었다. 어떤 사람이 차지하는 공간이 그렇게 얇아져만 가는 모습은 처음 보았다. 저러다 그대로 사라져버리지 않을까 하는 생각마저 들어, 음식을 잘 소화시키지 못해 스트레스인 것을 알면서도 밥 한 술만 더 뜨라는 말을 기어이 하지 않을 수 없었다.

상상해본다. 5년이 흐른 지금 선생님이 써내려간 이 글을, 그때의 최현희 선생님에게 보여준다면 어떨까. 한 해가 지나서 공격이 잦아들고 이제 우울의 바닥을 치고 올라갈 일만 남은 것 같다던 선생님에게 보여준다면. 두 해가 지나고 전과 같은 일상으로 돌아간다는 기대를 품고 복직한 학교에서 다시 너무나 힘들어했던 선생님에게 보여준다면. 언젠가는 평안을 되찾을 수 있겠다는 위로가 될까, 아니면 균형을 찾기까지 이렇게 오랜 시간과 고된 여정이 필요하겠다는 실망의 원인이 될까. 상상 속에서 내민 책을 다시 거두어들인다. 복직과 재휴직, 큰 병과 수술, 지나온 긴 시간을 그때의 선생님이 감당할 수 없을까 봐서는 아니다. 선생님이 거쳐온 회복의 과정은, 미리 안다고 한들 무엇을 바꾸거나 더 잘할 수 없는, 걸을 수 있는 최선의 과정이었기 때문이다.

그래서 대신 이 책을 지금 힘든 시간을 보내고 있는 여러 사람들에게, 하나둘 얼굴이 떠오르는 나의 동료 교사들, 나의 친구들에게 내밀고 싶다. 민감한 감수성과 올곧은 정의감을 가지고 살아내기 어려운 세상을, 민감한 감수성과 올곧은 정의감으로 살고 있기에, 더 다치고 지칠 수밖에 없는 사람들에게. 힘들어도 이렇게 다시 일어설 수 있다는 섣부른 격려가 아니라, 여기에도 당신이 겪는 고통과 부침을 함께 겪고 또 살아가는 사람이 있다는 희망을 읽어내기를 바라면서.

—임혜정(초등학교 교사)

들어가며

이 책은 한 개인이 사회적 폭력으로 무너진 일상을 회복하기 위해 애써온 4년의 기록이다. 처음 '사회적 트라우마'에 의한 우울증 진단을 받았을 때 나는 3개월 정도 약을 먹고 노력하면 회복할 수 있을 거라고 믿었다. 그러나 '회복'이라는 말이 단순히 예전의 일상을 되찾는다는 의미가 아님을 오랜 시간에 걸쳐 깨달았다. 살면서 감당하기 어려운 큰 문제가 닥쳐올 때 선택할 수 있는 길은 그 문제를 감당하거나 그러지 못하거나 하는 두 가지뿐이다. 그 문제가 없던 시기로 삶을 되감을 수는 없다. 어떻게든 다음 단계로 넘어가야 한다. 이 책은 그 지난한 과정에 대한 이야기다.

2016년은 강남역 여성혐오 살해사건으로 촉발된 이른바 '페미니즘 리부트'가 일어난 해였다. 오랫동안 개인적이고 사소한 것으로 치부되어온 여성의 경험이 사회적으로 공론화되며 언어가 생겨나고 운동(Movement)이 일었다. 내가 학교에서 페미니즘 교육을 시작하게 된 것도 이러한 시대의 파도 위에 있었다.

2017년 여름, 나는 온라인 매체를 통해 학교에 페미니즘 교육이 필요하다는 것을 골자로 하는 인터뷰를 했다. 초등학교 운동장을 대부분 남학생들이 전유하고 있는 현실에 대한 문제 제기로 시작하는 5분 남짓한 짧은 영상은 '일베' 등 남초 사이트로 순식간에 퍼져나가며 조롱과 공격의 대상이 되었다. '남학생을 혐오'하고 '동성애를 조장'하는 교사라는 왜곡된 헛소문이 전국의 '맘카페'로까지 퍼져나가 내가 속한 학교와 교육청은 끝없는 악성 민원에 시달렸고, 『조선일보』와 『동아일보』 등의 언론사에서는 사실 확인 없이 관련 기사를 내보냈다. 나는 수구 단체로부터 아동학대로 고발을 당해 경찰서에 가서 진술을 하는 한편으로 『조선일보』를 상대로 왜곡 보도에 대한 명예훼손 소송을 냈다.

사회적인 평판의 실추는 직업인으로서 생존과 직결되는 문제였고, 실제로 신상에 대한 위협과 협박이 있기도 했다. 당시 나는 나를 둘러싼 왜곡과 거짓말에 맞서 내 명예와 페미니즘 교육의 대의를 지키는 데에 몰두했다. 역사적으로 페미니즘에 대한 진전이 있을 때마다 사회가 전방위적으로 보이는 반동은 이미 '백래시'라는 이름으로 명명되어 있었다. 내가 겪은 일은 전형적인 백래시였으며, 우리에게는 백래시를 해석하고 분쇄할 언어와 관점이 있었다. 나는 사건이 일어나고 그 이듬해까지 전국을 다니며 당사자로서의 경험을 증언했다.

그 무렵 내 몸은 자율신경계가 완전히 고장 난 상태

였다. 위험 상황에 대비하는 교감신경은 날마다 흥분해 있었고 휴식을 위한 부교감신경은 제대로 기능하지 못했다. 대의를 위해서 그 정도는 감수할 수 있다고 생각했다. 신문에 칼럼을 연재하고 인터뷰에 응하고 강연을 하면서 자부심을 느꼈다. 이 모든 일이 끝나고 다시 일상으로 돌아가면 된다고 생각했다. 이 모든 파도를 지나고 나면 다시 평화로운 일상으로 돌아갈 수 있으리라 기대하며 스스로를 착취하는 일을 한동안 멈추지 않았다.

2017년에 시작된 두 재판은 2020년이 되어서야 모두 끝났다. 그사이 나는 병휴직을 했다가 2019년 3월에 복직을 했다. 이때만 해도 이 모든 일이 내 삶의 뒤편으로 지나갈 거라고 믿었다. 누구나 힘든 일을 겪으며 살아가니까 나에게도 지금은 힘들지만 언젠가 담담히 회상하게 될 사건이 하나 생긴 것뿐이라고.

그러나 사건이 일단락되고 연대해온 사람들이 각자의 삶으로 흩어지고 난 후에도 나는 아무리 노력해도 예전의 일상을 찾을 수 없었다. 보통의 삶을 사는 법을 완전히 잊어버린 것 같았다. 건강 악화와 수면 장애, 불안과 무기력, 공황이 오래 지속되었고, 자기연민과 타인에 대한 배신감, 원망 등 고통스러운 감정에 매일 시달렸다. 어떻게든 앞으로 나아가야 할 것 같은데 아무리 애를 써도 길이 보이지 않았다. 2020년에 나는 다시 휴직원을 냈다.

병휴직 상태는 뭔가 불안정한 느낌을 갖게 했다. 아파서 쉬고 있을 뿐인데 내 삶이 일시적이고 예외적인, 하루빨리 '정상'으로 되돌려야 하는 비정상 상태로 느껴졌다. 하루하루가 그저 '일상의 회복'이라는 목표를 위한 수단으로만 여겨졌다. 그러나 정작 일상을 회복하는 게 무엇인지에 대해서는 구체적으로 생각하지 않았다. 그냥 지금보다는 조금 더 활력이 있어야 하고 조금 덜 피곤해야 하고 아이와도 좀 더 양질의 시간을 보낼 수 있어야 하는데 그러지 못하는 지금의 내가 마음에 안 들기만 했다. 그렇게 하루하루를 속절없이 흘려보냈더니 그게 한 달이 되고 두 달이 되고 1년이 되었다.

'일상의 회복'이라는 목표는 너무 막연하고 추상적이며 그 목표를 감당하기에 하루라는 단위는 너무 작고 무력하다는 걸 깨달았다. 애초에 내가 되찾겠다고 하는 '일상'이라는 것이 존재하기는 했을까 의심도 했다. 내가 회복하려는 일상은 나의 과거 중에서도 가장 컨디션이 좋고 행복했던 순간을 선택적으로 조합한 상상의 산물이 아닐까. 나의 일상은 원래 지지부진하고 불안정했을 테고 그날의 날씨나 상황에 따라 부침도 있었을 것이다.

일상을 회복한다는 것에 대한 재정의가 필요했다. 내 일상은 이 사건을 겪기 전에도 항상 활력이 넘치거나 완벽하지 않았다는 것을 자주 떠올렸다. 회복에는 긍정적인 생각이 중요하다고들 하지만 과거의 부정적 경험을 떠올리는 것이 이때만큼은 도움이 되었다. 나는 유난히 바뀌지 않는 신호등을 보고 왈칵 서러움과 짜증을 느꼈던 순간이라든가, 학교에서 영 마음이 안 맞는 동료와 벌였던 신경전, 어깨가 결리도록 마냥 엎드려 트위터를 들여다보면서 그런 나를 스스로 한심해하던 휴일 같은 것을 기억해냈다.

내가 되돌아가야 할 일상 같은 것은 없다고 생각하니 마음 한구석이 좀 편안해졌다. 추상적이고 애매모호한 목표는 잊어버리고 작은 목표를 하나 정했다. 하루에 한 번이라도 밖에 나가는 것이었다. 주스를 사러 가든, 무인택배함에 택배를 가지러 가든, 공원을 산책하든 어떤 이유라도 상관없었다. 밖에 있는 시간이 1분이든, 1시간이든 나가기만 하면 됐다. 이것이 병휴직 상태를 얼마나 개선시킬 수 있을지 우울증에 얼마나 도움이 될지에 대해서는 생각하지 않으려고 애썼다.

'하루에 한 번 이상 밖에 나가기'라는 작은 목표를 달성한 하루하루가 쌓여 한 달이 되고 두 달이 되고 1년이 지났다. 2020년, 때마침 양수리로 이사 간 뒤의 1년이었다. 나는 블로그를 새로 만들어 '양수리의 열두 달'이라고 이름 붙이고(오랫동안 교단 일기을 써오던 블로그가 있었으나 그 사건 당시 욕설과 악플로 도배가 되어 폐쇄했다) 그날그날 보고 느낀 것들을 그곳에 적어나갔다. 그러면서 점차 새로운 일상이 나에게 찾아왔다는 것을 깨달았다. 어떤 날은 허겁지겁 그것을 기록했다. 잊어버릴까 봐 두려웠다. 나에게 찾아온 평범한 일상이 기억에서 사라지면 마치 존재한 적도 없었던 것처럼 증발해버릴까 봐 꼭 증거를 남겨놓고 싶었다.

회복기를 내는 것이 아무래도 조심스럽다. 삶을 재건하는 일이 얼마나 어려운지 알수록 더 그렇다. 삶이 무너진 채로 다시 일어서지 못하는 사람도 있을 것이다. 왜 아니겠는가. 넘어진 사람이 다시 일어서기에 취약한 사회다. 다시 힘을 내기 위해 무던히 애썼던 날들을 기록한 글이, 힘들어도 노력하면 결국 좋아질 수 있다는 메시지로 전해질까 봐 염려스럽다.

솔직히 사는 일은 여전히 지난하고 어렵다. 그래도 아주 어려웠던 시간을 어떻게 지나왔는지 잊지 않을 수 있다면 그보다 조금 덜 어려운 시간쯤이야 버텨낼 수 있지 않을까 생각한다. 고통스러운 시간에도 회복이 어떤 얼굴을 하고 나를 찾아왔는지를 기억할 수 있다면 아주 훌륭하게 사는 것까지는 아니더라도 삶을 버텨내는 일까지는 무난하게 해낼 수 있을 것 같다. 요즘은 의연하게 하루를 버틴 것만으로도 나를, 함께 버티는 중인 이들을 칭찬하고 응원하고 싶다.

생각해보니 이 글은 회복의 기록이라기보다는 지난했던, 그리고 역시 지난할 삶에 대한 끈질긴 응원에 가깝다. 그렇게 읽히기를 바란다.

차례

추천의 글 — 4

들어가며 — 8

1부   두물머리, 시작   16

애쓰지 않기 위해 쓰는 애 — 20

지난밤 꿈 — 23

새벽 3시의 고민 — 28

글쓰기와 자전거 — 31

학교 안의 상처 — 34

글을 쓰지 않을 합당한 이유들 — 41

2017년 — 44

손정우가 석방되었다 — 45

살아남았다 — 49

빈칸 — 52

어떤 이웃 — 54

등을 박박 긁다가 — 58

운동복을 입은 내 몸 — 61

안부를 물으면서 — 63

신호 — 66

날씨 탓이다 — 68

2부   불안한 사람의 혼잣말   72

폐허에서 일어서기 — 74

불안 — 78

미워하는 마음으로 할 수 있는 건 — 81

녹화 — 85

딱 하루치의 체력 — 87

어떤 다정함 — 90

길이 난 것이다 — 94

페미니즘 교육 — 98

트라우마 트리거 — 103

분투 — 106

오늘의 이 작은 손길이 — 108

3부   감당할 수 있는 작은 불행   112

생각과 기억 — 114

일단, 오늘 — 118

교사의 권력을 내려놓는 것에 대해 — 123

'아이'라는 말 — 127

무서움을 없애는 요가 — 131

〈헬로 카봇〉 옆에 〈힐다〉라는 세계 — 134

암 — 139

이쪽으로 가면 길이 없다 — 141

사흘째 아침 — 144

스트레스 — 146

나만 웃을 수 있는 농담 — 147

더 나쁠 수도 있었어 — 148

괜찮은 날 — 150

서브웨이 샌드위치 — 153

약발 느긋 요가 — 155

원추절제술 — 157

수술 다음 날 — 161

피 냄새 — 164

심란할 수 있는 시간 — 166

MRI — 168

이럴 때도 있다 — 171

어서 왓, 긍정왕 — 173

발바주기 쿠폰 — 176

시절의 끝 — 179

4부   내 정신의 마당을 찾아서   182

정말이지 너무나도 맛있고 건강한 미역이었습니다
— 184

입원 전날 — 186

왜 자꾸 생각이 나지 — 193

바로 이 자리에서 — 195

우울한 외향인 — 200

마당을 돌보는 일 — 203

별이 담임선생님 — 207

적응 — 210

이분법을 우회하는 샛길 — 215

연약한 사람들의 약하지 않은 움직임과 연대 — 222

생활인1 — 227

생활인2 — 229

나도 무심히 자랐으면 좋겠다 — 232

5부   나에게 아주 작은 친절을   238

세 번째 밤 — 240

흔들림의 균형 — 243

이중의 기쁨 — 246

정말 못 말리는 똥강아지다 — 248

'초연한 나'가 밤새 해준 말 — 253

다시 그 질문 앞에 섰다 — 255

이혼정보회사 — 259

내 머릿속에서 일어나는 일 — 264

약해진 날의 기록 — 268

죄책감과 휴식 — 272

어떤 위로 — 275

괜찮음의 증거 — 278

밤 산책 — 280

책과 트라우마 — 284

샤인머스캣과 레고 — 288

내 학교다 — 292

나오며 — 296

두물머리, 시작

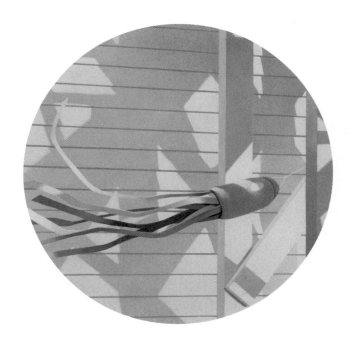

1부

애쓰지 않기 위해 쓰는 애

이틀째 아프다. 몸살이다.

이사한 지 거의 2주가 되어간다. 처음 이삿짐을 내려놓고 새로운 방에 앉아 뭔가를 기록했을 때의 낯선 느낌은 이제 거의 사라진 것 같다. 이삿짐을 정리하면서도 틈틈이 산책을 했다. 여기는 조금만 걸으면 두물머리가 나오는 동네다. 이삿짐만 풀고 있을 수는 없었다. 나가서 만끽했다. 그래서 처음 며칠은 여행지에 온 느낌이었다. 앞으로 쭉 살 곳이고 금방 익숙해질 곳인데도 나는 걸으며 사진을 찍었다. 찍은 사진을 저녁에 다시 보면서 SNS에 올렸다. 그렇게 며칠 즐겁게 보내고 나면 다시 돌아갈 집이 있을 것 같았다.

열흘쯤 지나자 여기가 나의 집이라는 것을 받아들이게 된 것 같다. 이상하게도 그즈음에 아프기 시작했다. 슬슬 몸살 기운이 올라올 때만 해도 가볍게 산책하고 동네 식당에서 맛있는 밥을 먹으면 낫겠거니 했다. 세탁소에 맡긴 겨울 패딩을 찾고 식당에 아이와 나란히 앉아 밥을 기다리다가 식은땀이 흐르고 어지러워질 때에야 깨달았다. 된통 아프고 지나가겠구나. 그리고 어제 밤새 앓았다. 중요한 건 앓느라 밤과 낮이 바뀌었다는 사실이다. 지금 내가 이 글을 쓰는 시간이 새벽 3시 15분인 이유다.

이사 오고 매일 아침 6시쯤 눈이 떠졌다. 어둑한 새벽에 창문을 열어 새소리를 듣고 좋은 공기를 들이마시며, 이렇게 나는 아침형 인간이 되는구나 하며 기뻐했다. 아침형 인간! 아침형 인간에 대한 나의 이데아는 다음과 같다.

아침 체조와 요가를 하며 명상을 한다. 가벼운 몸과 차분한 마음으로 음악을 감상하며 커피를 한잔 내려 마신다. 식물을 살피고 오늘 할 일을 대강 떠올려본다. 건강한 한 끼로 아침밥을 준비한다(채소 다듬기 정도겠지만). 책 한 권을 가지고 공원에 가서 산책을 하다가 동네 찻집에 가서 차를 한잔 마시고 집에 온다. 그럼 별이가 슬슬 일어나는 시간! 이런 게 양수리 라이프라면 좋겠다고 생각했고 실제로 아침마다 나쁘지 않은 컨디션으로 눈이 떠지는 걸 보며 내게 필요한 변화가 드디어 찾아왔다고 생각했다. 길고 긴 우울증에서 벗어날 때가 되었다고, 의지도 중요하지만 환경도 역시 중요하구나, 하고.

좀 더 두고 볼 일이지만 나는 다시 예전의 패턴으로 돌아가버린 게 아닐까. 환경이 도움은 되겠지만 성실하고 꾸준한 노력 없이 변화가 지속될 리 없고 양수리에 있든 어디에 있든 나는 오래전부터 현희니까.

많이 애쓰지 않고 싶은데 애쓰지 않기 위해 쓰는 애가 제일 많다. 쉬엄쉬엄 하지를 못해 몸살이 나고 몸살이 나서 아픈 와중에 수면 패턴이 예전으로 돌아가버린 걸 아쉬워하고 애써 만든 변화가 지속되지 못한다며 안타까워한다.

이게 나다. 이상은 높고 몸 상태는 바닥인. 조금만 더 스스로를 편안하게 돌보는 법을 계속 배워야겠다. 아침에 일어나든 밤에 일어나든 중요한 건 그걸 배우는 거다. 안달복달하지 않기. 자신을 볶지 말기.

지난밤 꿈

꿈에 정대성이 나왔다.

정대성은 고등학교 2학년 담임이었다. 학기 첫날 나에게 우리 반 이쁜이라며 능글맞은 웃음을 짓더니 어느 날은 나를 복도로 불러내서 "원래 학부모는 담임한테 밥한번 대접하는 게 예의인데 보통 바쁘시니 5만 원 정도 봉투에 넣어주는 거"라고 말했다. 나는 그토록 노골적인 말의 의미를 알아차리지 못할 만큼 순진해서 그런 말을 왜 나한테 '해주는' 건지 궁금했다. 당연히 부모님께는 말하지 않았다.

그가 나를 '예뻐'하는 것 같아 보일수록 교실에서 불편하고 어색했던 어느 날, 친구들과 대화를 하다가 담임에 대한 이야기가 나왔다. 난 그에 대해서 (기억나지 않지만) 나쁜 말을 했던 것 같다. 그리고 말을 뱉었을 때쯤 그가 내 주변에 있다는 걸 깨달았다. 심장이 쿵 내려앉더니 빠르게 뛰었다. 나는 그 뒤로 그의 눈치를 살폈다. 나도 모르게, 내가 그러는 줄도 모르게 자꾸 그랬다. 그가 어디에 있는지를 눈으로 확인해야 안심이 되었다. '그때 내가 하는 말을 들었을까' 불안했고, '나를 이제 더 이상 예뻐하지는 않겠구나' 하고 생각하기도 했던 것 같다.

그러다가 일이 터졌다. 내가 아파서였는지 꾀병이

었는지 야간자율학습을 땡땡이친 다음 날 아침, 그가 나를 교실 뒤로 부르더니 뺨을 때리고 머리를 치고 사정없이 폭력을 휘둘렀다. 어떻게 맞았는지는 기억이 나지 않는다. 다만 내가 아주 짐승 같았다는 느낌은 남아 있다. 중간중간에 담임의 말이 들렸다. "예뻐해줬더니 감히", "예쁘다 예쁘다 해줬더니 슬슬 눈치만 보고". 맞으면서 그 말을 듣고서야 깨달았다. 내가 '슬슬 눈치만' 봤다는 걸. 내 눈빛에 약자의 비굴함 같은 게 서렸을 수도 있겠다는 걸. 그의 위치를 매 순간 살피기 위해 움직였을 내 눈동자가 문득 혐오스러웠을 뿐, 학생을 비굴하게 눈치보는 위치로 전락시킨 권력을 의심하지 못했다.

매를 맞으며 웅크린 몸이 이리저리 움직일 때 그의 주먹과 발이 내 몸에 닿아 부딪히는 소리만 가득 찼던 조용하고 숨 막혔던 교실을 나는 아직 감각한다. 수치심과 배신감 속에서 내 몸을 숨길 수 없다는 사실이 견딜 수 없었다. 1학년 때부터 어울리던 친구들 무리가 있었지만 도와달라고 말할 수 없었다. 누군가가 저항하거나 맞설 수 있는 일이 아니라고 생각했다. 친구들은 이 지난한 폭력이 다 끝나면 나에게 다가와서 나를 안아주고 눈물을 닦아줄 수 있을 것이다. 알면서도, 배신감에 사무쳤다. 방금 전까지 웃으며 같은 공간에 있던 친구들이 지금은 나와 전혀 다른 세계, 타인에 의해 짓밟혀지지 않는 세계에 있다는 것이 야속했다.

그날 얼마나 울었는지, 그 뒤로 어떻게 일상을 이어

갔는지 기억이 잘 나지 않는다. 그 뒤로도 그에게 폭력을 당하는 학생들이 많았고, 나는 그저 그중 하나였을 뿐이라며 내가 당한 일을 흔한 일상적 일로 애써 넘겨버렸다. 그가 수능 전날에 고3 언니를 복도에서 발로 차고 때렸다는 소식을 듣고, 중요한 시험을 하루 앞두고 그런 무참한 일을 당하지 않은 것만도 다행이라고 생각했던 것도 같다.

지난밤 꿈에서 정대성은 나의 직장 상사였다. 웃기게도 직장의 풍경은 교실이었다. 별이를 돌보느라, 그리고 아빠가 일으킨 문제를 수습하느라 아침의 바쁜 시간이 속절없이 흐르고 있었고, 나는 그래서 출근하지 못한다는 말을 정대성에게 해야 했다.

출근을 못 해서 발을 동동 구르는 꿈이야 종종 꿨지만, 늦어도 좋다는 승인을 정대성 같은 인간에게 받아야 했던 꿈은 너무 고약하고 불쾌해서 꿈에서 깬 뒤에도 한참이나 미간을 찌푸리고 있었다. 왜 이렇게 갑자기 불쑥인가. 그는 나의 인생에서 완전히 소거된 인간이었다. 고등학교 졸업 후 얼마간은 불쾌하게 떠오르곤 했지만 그것도 20여 년 전의 일이다.

강렬한 꿈은 삶에 중요한 메시지를 담고 있다고 했던가. 나는 꿈을 복기하고 해석하는 걸 즐기지만 이번 꿈은 해석할 숨은 뜻 같은 것도 없을 만큼 너무 뻔해서 허탈하다. 정대성이라는 이름으로 내가 겪었던 가부장 남성 폭력의 재현. 그런데 왜 꿈속의 나는 지금의 내가 아니었을까. 왜 무력하고 약하던 나여야 했을까. 내가 꿈에서 조금이라도 저항을 했던가. 아니다. 나는 발을 동동 구르며 힘들어하기만 했다. 오히려 이런 나를 출근길로 내모는 엄마에게(왜 엄마였을까) 짜증을 부렸다. 또 지금은 자주 보지도 않는 언니가 꿈에서는 함께 살고 있었는데, 언니는 자기도 도와줄 수가 없다며 도리어 나에게 짜증을 냈다. 아빠는 어떤 양아치들과 어울리며 실컷 이용을 당하고 돈을 다 뜯긴 후에는 사시미칼(이런 게 왜 나왔을까)로 죽게 될 일을 앞두고 있었다.

혼돈의 출근길, 그 속에 던져진 내 옆에는 별이가 있었다. 별이만큼은 꿈에서도 별이였다. 나를 포함한 꿈속의 모든 등장인물들이 기괴하고 낯선 배역을 담당할 때 별이만큼은 내가 보고 느끼는 그대로의 모습이었다. 하지만 조금 어렸다. 혼자 잘 서지 못할 만큼 약했다. 나도 꿈에서는 고등학생의 모습이었다. 얇은 반팔 재킷을 여러 벌 앞에 두고 무엇을 입고 갈지 고민하며 칭얼대는 아기를 달래고 있었다. 그리고 머릿속으로 계속 정대성을 떠올렸다. 출근을 못한다고 하면 그가 뭐라고 할까 걱정하면서.

지금의 나는 무력감 속에서 '가부장'의 승인을 걱정하는 꿈속의 나에게서 멀리 와 있다. 그때에 비하면 전혀 다른 종류의 인간으로 몇 겹의 탈피를 거듭했을 것이다.

그러나 억압의 세계로부터 탈출한 게 아니라 여전히 짓눌린 채 조금 더 단단해지고 있을 뿐이다. 나의 한 시절을 완전히 장악했던 남교사의 폭력과 야만이 이제는 강 건너 구경해도 되는 먼 세계가 아니라는 것을, 보편적인 폭력이라 굳이 꺼내 매만져볼 필요가 없다고 생각했던 나의 경험을 한 번은 다시 복기해볼 필요가 있다는 것을, 꿈에서 깬 얼굴을 찡그린 채로 허공을 응시하다가 깨달았다. 그래서 이불을 걷어차고 일어나 쓴다. 꿈에서 다시 마주친 정대성이 마음속에 성난 불길을 일으켰고, 무언가 쓰고 싶다고 맹렬히 느끼게 했다. 글을 쓰는 일이 막막해져 노트북의 하얀 화면은 바라볼 생각도 의지도 없던 날들에서 나를 끄집어낸 거다. 꿈이. 더럽게 불쾌했던 지난밤의 그 꿈이.

새벽 3시의 고민

밤중에 또 눈이 떠졌다. 오줌이 살짝 마려웠던 것 같기도 하다. 적당히 잘 잔 느낌이 들어 지금이 이른 아침이면 좋겠다고 생각했다. 다시 잠드는 건 힘든 일이니까. 안타깝게도 시계를 보니 또 새벽 3시다. 어떻게 하지? 이대로 베개에 얼굴을 묻고 뒤척이며 다시 잠을 청할 것인가, 아니면 일어나서 내 시간을 가져볼 것인가. 코로나 때문에 아이와 온종일 함께 있는 요즘이라 혼자만의 시간이 귀하고 간절하다. 그렇다고 새벽 3시부터 하루를 시작하면 아이가 잠이 드는 밤 10시까지 온전한 컨디션을 유지할 수 없을 것이다. 가까운 미래의 내가 아주 고생할 테지. 일단 화장실을 가고 물을 한 잔 마시는 걸로 가볍게 움직여보며 몸을 살핀다. 아무래도 더 자야 할 컨디션이다. 침대에서 눈이 떠졌을 때 희망처럼 스친 약간의 개운함은 몸을 일으켜보면 자취를 감춘다. 내 몸은 묵직하고 눈꺼풀은 아직 무거우며 살짝 배고픔이 느껴지는데 적극적으로 해결하고 싶기보다는 다시 눈 감고 몸을 재워서 빨리 잊어버리고 싶은 배고픔이다.

그런 나를 일으키는 건 식물이다. 하루를 시작하는 건 무리이겠다고 생각하면서도 식물 한번 보고 물도 뿌려주고 싶어 적막함을 뚫고 묵직한 몸을 일으킨다. 나만의 식물 아지트에 앉아 조명을 켠다. 어젯밤 잠들기 전 들여다봤던 새순이 불쑥 커져 있다. 낮이었다면 소리를 지르며 호들갑스럽게 기뻐했을 장면을 보고도 눈만 껌뻑거린다. 물을 좋아하는 식물들을 향해 분무를 한다. 새벽에 물을 주는 게 식물에게 좋다고 하니 무거운 몸을 일으킨 보람이 있다고 생각하며 초록에 닿은 물방울들을 쾡한 눈으로 본다. 한 가지에서 난 잎사귀라도 모양과 색깔이 저마다 다른 것처럼, 물방울도 크기와 모양이 제각각이다. 말라 있던 화분은 물을 금세 빨아들여 언제 물을 줬나 싶다. 다시 분무를 한다.

식물만 바라보는 게 적적해서 스마트폰을 들어 트위터를 본다. 자연스럽게 눕는 자세로 바뀐다. 얼마 전에 식물 계정을 하나 만들었다. 다른 곳에서 사랑받는 식물들 사진을 구경하면서 '좋아요'를 누른다. 내 식물이 뽑아낸 대견한 새순도 자랑하고 싶어서 사진을 찍어 올린다. 누워서 스마트폰을 보자니 어깨와 목이 결려서 자세를 이리저리 바꿔가며 트위터를 하다가 시계를 보니 새벽 5시가 지나 있다.

이럴 거면 '제대로' 하루를 시작해도 되었을 것 아닌가, 문득 자책과 후회가 밀려온다. 힘차게 일어나 요가로 개운하게 몸을 풀고 커피를 내려서 따뜻한 빵 한 조각을 먹었더라면 좋았잖아. 불편한 자세로 스마트폰을 보면서 식물 아지트에서 빈둥대는 사이에 새벽의 적막이 서

서히 흩어지고 동이 터버리다니. 새소리까지 합세해 아침의 생기가 사방에 퍼지는 걸 보자니 묵직한 어깨와 반쯤 뜬 눈으로 붙들고 있던 새벽의 시간이 갑자기 낯설게 느껴지면서 이제야 이불 속으로 들어가고 싶어진다(대부분 그렇게 한다). 아마 다시 눈을 뜨면 8시 반쯤일 것이다. 아이가 먼저 깨서 내 품으로 사랑스럽게 파고들 것이고 그렇게 벅적한 하루가 시작되겠지. 하루 종일 아이랑 놀아주고 아이를 씻기고 먹이는 돌봄 노동을 하다 보면 아침에 다시 두 시간 잠들어서 나를 쉬게 한 것이 얼마나 현명한 선택이었는지 깨달을 것이다.

언젠가는 아침까지 푹 자고 일어나서 좀 더 나은 루틴을 가지게 될 것이다. 그때까진 새벽의 나를 어중간하게 깨워 식물들 앞에서 뒹굴대다 까무룩 잠이 드는 날들을 좀 더 지나야 할 것 같다. 지나갈 시간이라고 생각하면 아무리 힘들어도 버텨볼 만하다.

글쓰기와 자전거

"글쓰기는 자전거 같은 거야. 계속 써야 써지는 거야. 많이 쓰면 그중 몇 개 건질 만한 글이 나오는 거고. 그걸 엮어서 책을 만드는 거야."

전직 출판사 편집자였던 친한 언니가 해준 말이다. 가슴에 불길을 품고 사는 내가, 하고 싶은 말이 너무 많은데 어디에도 풀어놓지 못하고 쌓이고 쌓여 욕구불만 상태로 살아가는 걸 알고 조언을 해준 거다. 그러니까 쓰라고. 뭐든 써보라고.

근데 나는 그게 힘들다. 일단 쓰기가 싫다. 페미니스트 교사로 알려져서 공격과 지지를 동시에 받으며 여기저기서 원고와 강의 청탁을 받고 고통스럽게 뭔가를 써 내려가던 시간을 통과하고부터였다. 글 쓰는 게 즐겁던 때가 있었는데. 누군가에게 읽히는 것도 좋지만 그저 내가 보낸 시간들을 기록하는 일 자체가 즐겁던 때가 있었는데. 시작한 글을 어디서 어떻게 끝맺을지 전혀 알 수 없더라도 한 글자 한 글자 내가 쓰고 싶은 대로 검열 없이 자유롭게 써 내려가던 때가 분명히 있었는데.

글쓰기가 고통이라는 공식이 내 삶에 단단히 똬리를 튼 이후로는 하얀 백지를 떠올리는 것만으로도 괴롭고 막막하다. 뭔가를 쓰는 걸 완전히 멈췄다. 일기 같은 것도, 사사로운 블로그 글 같은 것도. 한 문장 한 문장을 쌓아 단락을 만들고, 몇 개의 단락으로 하나의 글을 완성하는 게 더 이상 내가 할 수 있는 일 같지 않다. 내 글이 어디서 시작해서 어디서 끝날지 모르는 상태를 견디는 게 버겁다. 지금도 두렵다. 그런데 그냥 쓰고 있다. 지금 여기까지 쓴 문장들이 굉장히 엉성하고 헐겁게 느껴진다. 덜 조인 나사처럼 불안정해 보인다. 나는 지금 그 불안을 견디고 있다. 견디다가 묻는다. 왜지? 왜 견뎌야 하는 거지?

"근데 자전거를 안 타고 살 수도 있잖아. 안 타고도 살 만하면 안 타도 되는 거야."

언니는 이렇게 말하고 웃었다. 순간 해골 물을 마신 원효처럼 깨달음이 온 것 같아 나도 크게 웃으며 외쳤다.

"그래! 난 자전거 안 타고 살 거야! 글 쓰는 거 너무 고통스러워!"

그게 벌써 몇 달 전이다. 그사이에 할 말이 더 쌓여 갔다. 누군가를 만나면 말이 많아졌다. 하지만 사담으로 해소되지 않는 생각의 덩어리들이 있다. 일상에 불쑥 끼어들어 나를 괴롭히며 비워지지 않는. 넓게 펼쳐 널어야 할 옷가지들이 엉키고 뒤섞인 채 세탁기에 처박혀 있는 것 같다. 페미니즘, 학교와 교육, 내 일상의 에피소드, 우울증, 결혼과 배우자 등등 오만 가지 주제의 상념들이 내 삶에 구겨져 있다. 모두 뒤엉킨 채로.

안 되겠다. 자전거를 안 타도 되는 사람이 있겠지만 나는 아닌 것 같다. 먼지 쌓인 자전거를 꺼내서 슥슥 닦아보는 심정으로 노트북과 블로그 공간을 정리했다. 하루에 한 편씩 쓰려고 한다. 쓰는 일이 전처럼 그저 즐거울 수만은 없게 되었다고 해도, 쓰지 않고 버티는 일이 더 힘들다는 것만큼은 확실한 것 같으니, 써볼 거다. 자전거를 다시, 타겠다.

학교 안의 상처

페미니즘 교육에 대한 인터뷰 이후, 공격과 비난이 쏟아지기 시작한 것은 순식간이었고 점점 더 걷잡을 수 없었다. 이름 모를 사람들의 악의적인 말들이 쏟아졌다. 나는 그들의 얼굴도 이름도 몰랐지만 그들은 나의 얼굴과 이름을 알았다. 남초 사이트에서 영상과 사진이 돌아다녔다. 내 얼굴을 평가하고 댓글로 성폭력을 가하는 자들이 수도 없이 생겨났다. 내가 하지 않은 말들과 내가 했던 말의 일부가 교묘하게 왜곡되어 인터넷 세상을 떠돌아다녔다. 모르는 번호로 전화와 메시지가 왔다. 교단 일기를 매일 올리던 블로그에는 조롱과 악의로 가득 찬 댓글들이 달렸다.

온라인상의 공격은 쏟아지는 민원이 되어 실제 내 삶의 현장에 직격탄을 안겼다. 다행히 학교는 나를 사건의 피해자로 인식하고 보호하려는 입장을 취했다. 학교와 소통하며 상황을 지켜보려는 보호자들이 대다수였다고 생각하지만, 극소수의 학부모들이 외부 혐오 세력과 결탁하여 자극적이고 왜곡된 내용을 적극적으로 퍼 나르며 불안을 부추겼다. 내가 남성혐오를 하고 동성애를 조장한 수업 사례 모음이라며 자료집을 제작하고 배포하여 다른 보호자들을 선동했다. 내가 1년간 만난 학생의 보호자들에게서 연락이 왔다. 진실을 알려보려고 모두가 최선을 다하고 있지만 수가 적어 역부족이라고 안타까워하셨다. 상황이 이러니 학교는 해명을 해야 했다. 갑작스러운 피해로 힘들어하는 나 대신 동료 이세경 선생님이 대리인으로 나서서 대응을 했다.

한 달여가 지나서야 학교 일이 어느 정도 수습되어 간다고 느껴졌다. 잠을 못 자고 뒤척이던 밤에 이세경 선생님에게 전화가 왔다. 지금 업무지원팀이 교장 교감과 함께 회식을 하고 있다, 이제 한시름 놓아도 될 것 같다, 다들 서로 힘들었다 격려하며 한잔하고 있다고 전하면서, 나에게 그동안 너무 고생했다며 화통하게 웃었다. 나는 고맙다고, 선생님도 수고했다고 말하고 전화를 끊었다. 그리고 다음 날 아침, 『조선일보』는 우리 학교의 한 학부모를 취재원으로 해서 허위로 가득한 기사를 내보냈다. 학교와 교육청 앞에 사람들이 모여 나를 파면하라고 외쳤다. 그들이 든 피켓에는 내 실명과 함께 '동심 파괴자'라고 적혀 있었다.

안티페미니스트들의 공격은 인터뷰 전부터도 예상을 했지만, 기독교 동성애 반대 세력의 타깃이 되는 일까지는 예상하지 못했다. 그래서 길어졌다. 한 달 정도 고생하고 툴툴 털어낼 수 있을 거라 믿었던 일이 2년이 지나도 끝나지 않았다. 나는 학부모 단체로부터 고발을 당해 경찰서에서 조사를 받았다. 경찰은 이런 케이스는 처음이라며 황당해하면서 그보다 더 황당한 고발 내용을 하나씩 정중하게 질문했다. "항문섹스가 인권이라는 말을 하셨나요?", "선생님이 동성애를 조장하셨나요?"

고발은 무혐의로 처리되었다. 나는 『조선일보』와 전국학부모단체연합을 상대로 소송을 냈다. 『조선일보』에는 왜곡 기사 정정을, 전국학부모단체연합에는 허위사실유포로 명예를 훼손한 것에 대한 배상을 요구했다. 사이버상의 악성 댓글과 성폭력에 대해서도 법적 대응을 하려고 했지만 할 수 없었다. 욕설과 성폭력 댓글을 PDF로 따서 경찰에 제출했지만(그때쯤엔 내가 너무 피폐했던 상태였기에 전교조 여성위원회에서 팀을 꾸려 악성 댓글을 수집했다) 가해자를 특정할 수 없다는 말을 들었다. 이해할 수 없었다. 수사하지 않겠다는 말로 들렸다. 하지만 나는 다른 두 건의 재판에 집중해야 해서 여력이 없었다. 아직도 아쉽다. 잡아냈어야 했다. 그들의 더러운 댓글은 나 말고도 다른 수많은 여성을 향했을 것이다. 그 생각만 하면 속이 쓰리다. 한 명이라도 잡았어야 했다. 다시 돌아간다면 그렇게 쉽게 포기하지 않았을 것 같은데 그땐 또 그때만의 치열함이 있었겠지.

2017년에 시작된 두 재판은 2020년이 되어서야 모두 끝났다. 명예훼손이 인정되었고 손해배상을 받았으며 판결에 따라 『조선일보』는 정정보도문을 내보냈다. 정당한 판결만 나면 뭔가 필요한 변화가 찾아올 거라고 막연히 기대했던 나는 재판이 끝나고서야 그런 건 없다는 걸 깨달았다. 기쁘지도, 홀가분하지도 않았다. 판결문이나 정정보도문이라고 해 봐야 종이 위의 글씨에 불과했고 내가 겪은 그 모든 시간들은 그 이상의 것이었다.

어려운 시간은 복직한 학교에서 계속되었다. 얼굴을 모르는 사람에게서 받았던 공격과 욕설은 잠깐의 불쾌함을 견디고 애써 무시하는 게 가능했다. 성차별주의자들, 혐오주의자들의 공격보다 페미니스트들의 연대와 지지가 나에게는 더 컸기 때문에 회복이 어렵지 않았다. 그러나 학교에는 나를 바라보는 여러 가지 시선이 있었다. 내가 학교를 뒤집어놓은 원흉(?)이라는 일차원적인 비난도 들려왔고, 어찌 됐든 힘든 일을 당했다고 동정하는 목소리도 있었다. 멀리서 응원을 보내주는 이들도 있었고, 내가 겪은 일을 자신의 일로 여기며 연대하는 이들도 있었다. 그리고 무관심한 사람들이 있었다. 그 다양한 시선 속에서 나는 예전처럼 평범하게 내 교실에 집중할 수가 없었다. 나 자신을 증명하려고 불필요하게 애를 썼다. 복도와 운동장, 급식실, 교무실 등을 무심히 오갈 수가 없어 학교 어디서든 늘 긴장을 했다.

학교에 복직하고 곧 직감했다. 나는 상처를 받았고 앞으로도 받을 것이며 괜찮아지기까지 시간이 걸릴 거라는 것을. 나를 오해하고 비난하는 이들보다 무관심한 이들이 더 미웠다. 바로 자기 옆자리에서 벌어진 일에 대해 그토록 태연할 수 있는 이들. 그 옆자리로 돌아가 나도 그냥 태연스레 다시 살아가면 되는 것인데, 쉽지 않았다. 처음 연대했던 이들도 각자 자기 자리로 돌아가 있었다. 학교는 1년 사이에 새 아파트 단지의 입주로 초과밀 상태가 되어 있었으니, 모두 각자의 자리를 지키는 것만으로도 힘들었으리라는 것을 안다. 그러니 내가 괜찮을 거라고 더 믿고 싶었을 것이다. 최현희는 '아이들을 좋아하는' 교사니까 학생들과 잘 지내면서 회복할 수 있을 거라고 섣불리 전망하고 싶었을 것이고 실제로 그렇게들 했다. 내가 겪은 일을 개인의 고통으로 축소하고 싶은 의지가 절절해 보였다. 나와 연루되고 싶지 않은 마음. 더 이상 내 일이 학교의 일로, 교육의 일로 확장되지 않기를 바라는 마음. 너무 거창하게 말했나. 그러니까, 더는 나로 인한 민원을 안 받고 싶은 마음.

학교에서는 내가 복직할 무렵 악성 민원이 다시 일지 않을까 두려워했다. 내가 '조용히' 복직할 수 있기를 원했다. 마치 아무 일도 없었다는 듯이, 내가 잠깐 어디 파견이라도 나갔다가 돌아온 듯이. 사건 당시에 학교로 쏟아지는 공격적인 민원 탓에 많은 교사들이 무력감과 트라우마를 느끼고 힘들었다고 했다. 노골적으로 그게 모두 내 탓이라고 말하고 다니는 사람들도 있었다. 하지만 그런 건 나에게 상처가 되지 못했다.

상처는 학교를 장악한 두려움의 공기로 나에게 스며들었다. 누군가가 돌을 맞아 만신창이가 되어 쓰러지고 있어도 다들 태연하게 하던 일을 하며 모든 것이 그저 평소대로 흘러가기를 바라는 마음들을 매일 보는 게 상처였다. 유난스럽게 굴면 저렇게 돌을 맞는구나, 나는 더욱 조심해야지 하는 조용한 다짐들. 옆자리의 동료가 당한 고통이 나와는 별 상관이 없을 거라는 믿음, 나와 같은 학년을 맡으면 민원에 시달릴 가능성이 있으니 되도록 멀리 떨어지기 위해 열심히 수를 쓴 동료(라고 할 수 있을지 모르겠다), 나를 동정하기보다 함께 연대하리라 믿었던 이들이 동정에조차 인색한 걸 1년 내내 지켜보는 일.

복직하고 바로 깨달았다. 일베 나부랭이들이 공격하는 건 사실 너무 같잖은 일이었다. 정작 무서워하고 대비했어야 했던 건 그다음에 다가온 일들이었다. 세상일에는 늘 이렇게 복병이 있다. 기대치를 낮추고 실망하지 않을 수 있었다면, 불필요한 배신감과 실망감에 부대끼지 않을 수 있었다면, 동료들의 작은 말이나 행동에 그렇게까지 흔들리지는 않았을까. 더 잘 버틸 수 있지 않았을까. 나에게 쏟아진 혐오와 공격은 바깥에서 벌어진 문제가 분명했지만 학교 안의 상처는 자꾸만 내 안을 돌아보고 의심하고 자책하게 했다. 복직 내내 학교는 나의 트라우마를 자극하는 장소였다.

지금 생각해보면 1년을 버텼다는 것이 믿기지가 않는다. 우리 반 학생들을 보면서 이를 악물고 버틴 날들이었다. 하지만 교사가 학생들에게 위로를 얻고 교직을 유지할 동력을 얻는다는 것은 위험한 일이다. 학생들은 교사를 실망시키고 좌절시킬 권리가 있다. 학생을 보며 학교의 억압을 견디는 것은 자식을 위해 무작정 참고 견디는 부모가 자식에게 그러듯 결국에는 학생들에게 모종의 보상을 바라게 한다. 좋은 교사는 좋은 교육을 위한 학교와 국가의 지원과 함께, 가르치는 일의 고단함과 좌절감을 이겨낼 수 있게 서로 독려하고 힘이 되어줄 동료를 필요로 한다. 전자는 교직생활 시작부터 어차피 없었지만, 후자는 분명히 있었는데 잃어버린 느낌이었다. 상실감이 분노로, 분노가 슬픔으로, 슬픔이 체념과 무기력으로 옮겨 갔다. 1년 내내 그런 상태로 학생들을 만났다. 교실에서는 때때로 진심으로 기쁘고 즐거운 순간들도 있었지만 나를 압도했던 거대한 우울과 무기력이 교실에 가득했다. 그해 졸업식에서 펑펑 울었던 것은 단지 우리 반 학생들과 헤어지는 게 슬퍼서가 아니라 너무 미안했기 때문이다.

1년을 쉬고 나면 괜찮아질까. 괜찮아진다는 건 어떤 걸까. 더 이상 동료에게 지나친 기대를 하지 않고, 스스로를 잘 추스르고, 더는 나를 바깥에 증명하려고 애쓰지 않는 상태쯤이 아닐까.

내년이 되면 알 수 있을 것이다.

글을 쓰지 않을 합당한 이유들

글을 쓰지 않을 핑계가 너무 많고 합당하다. 정신이나 의지의 문제만도 아니다. 당최 시간과 공간이 없다. 일어나서 잠들 때까지 나는 별이와 함께 있다. 이런 환경에서도 누군가는 썼겠지. 나는 그 누군가는 될 수 없을 것이다. 잠과 체력이 늘 모자란 삶은 한번 진입하면 되돌릴 수 없는 것인가. 이십대에 많은 일을 열정적으로 해냈던 게 모두 젊음에서 나온 체력 덕택이었나. 노력해서 얻은 게 아니어서 그렇게 쉽게 써버렸던 걸까. 태어나면서 타고난 체력과 그간 쌓아온 육체적 에너지의 총량을 모두 소진한 것 같다. 하루에도 두어 번씩 충전시켜야 하는 오래된 휴대폰 같은 삶, 정말이지 하루하루를 근근이 살아가고 있다.

"많이 먹어야 해."

동거인을 비롯해 많은 이들이 하는 말이다. 내가 지금 먹는 양은 충분하지 않은 걸까. 먹는다고 먹는데 부족한 걸까.

오늘 먹은 걸 써본다. 아침에 토마토달걀볶음과 빵과 커피, 점심으로 콩국수(거의 남겼지만), 저녁에 떡과 사과즙. 충분히 잘 먹는다 할 수 없겠네. 어제 먹은 건 어떨까. 아침에 별이 등교시키고 근처 브런치카페에서 파니니와 커피, 점심은 두머리식당에서 백반, 저녁은 불고기볶음밥. 좀 나은 것 같기도 하지만 먹은 양을 생각하면 여전히 부족하다. 중간중간 간식도 좀 챙겨 먹고 좋은 차도 마시고 약도 먹고 해야 한다.

수면 패턴도 아직 안정적이지 않다. 수면약에 의지해서 겨우 잠이 들지만 그마저도 새벽 서너 시에 깨는 건 여전하다. 그래도 눈을 뜨면 더러 편안함을 느끼기도 한다. 꿈도 하드코어한 것에서 좀 더 강도가 낮아지는 것 같기는 하다. 잠자기 전에 잠깐이라도 요가를 해서 몸을 풀어주는 것이 수면의 질에 큰 영향을 주는 것을 안다. 하루에 다만 30분이라도 정성스럽게 몸을 풀어주어야 한다. 근력운동도 조금씩 늘려가야 한다. 그래야 산다. 그런데 알면서도 안 한다. 왜 그럴까.

자는 것과 먹는 것도 제대로 못하면서 아이와 24시간을 함께 부대끼는 상황에서 매일 글을 쓰겠다고 작정을 했던 게 욕심이다. 왜 이렇게 현실 자각력도 없는 거지. 무엇을 할 수 있을지, 무엇을 하면 안 될지 등을 판단하는 데도 체력이 필요한 건가. 이제는 모든 것이 체력의 문제다. 나를 돌보는 게 최우선이다. 글을 쓰는 것도 그래서 하는 거였잖아.

다시 한번 되새기건대, 나는 불굴의 의지로 어두운 밤에 노트북을 켜고 타닥타닥 타자를 치는 그런 '누군가'로 살고 싶지는 않다. 될 수도 없겠지만. 일주일에 한두

편 정도 글을 쓰는 것으로 목표치를 낮춘다. 무모한 욕심을 바로잡을 수 있는 상태라서 안심이다. 이제 글을 마치고 요가 매트를 깔겠다.

2017년

뭔가가 나를 휩쓸고 갔는데, 다 지나갔는데 나만 제자리에 있는 기분이다. 도대체 이 기분을 언제까지 느끼면서 살아야 하는지 모르겠다.

그러니까… 시간이 멈췄다. 2017년에서 3년이 다 되어가는데도 내 시간은 그 위를 계속 맴돌아 흐른다. 벗어나고 싶은데 어떻게 해야 자연스럽게 2020년에 섞여 흘러갈 수 있는지 잘 모르겠다.

분명히 부당한 공격이었고, 감수할 만한 일이라고 생각했다. 때로는 뿌듯하기도 했다. 많은 사람들이 연대했고 위로했고 응원했고 지지했다. 이제는 괜찮아도 될 것 같다고, 다음 페이지로 넘어가도 될 것 같다고 계속 생각해왔다. 그런데 생각처럼 되지 않는다. 언제까지 여기에 묶여서 살아야 하는지 답답하다.

손정우가 석방되었다

수면약을 먹어도 잠이 오지 않아 뒤척이던 이틀을 보낸 다음 날 집회가 열렸다. 손정우의 석방을 규탄하는 집회였다. 손정우는 세계 최대 아동 성 착취물 사이트 운영자로 32개국의 공조수사 끝에 충남 당진에서 체포되었다. 그가 수십억 원을 벌어들였다는 그 사이트에는 성인 영상은 올리지 말라는 공지가 올라와 있었다. 검색어에 2개월, 6개월 영아가 있었다. 영상 속 아이들 중에는 실종되었다 구출된 경우가 다수였고 아직도 생사를 모르는 아이들도 있다고 했다.

설거지를 하면서도 책을 읽으면서도 잠을 자려고 누워서도 계속 떠올랐다. 여성이 죽고 강간당하는 일이 너무 흔한 나라에서 그 모든 일을 눈을 똑바로 뜨고 본다는 건 불가능하다. 나는 그저 눈을 흐리게 뜨고 소라넷, 버닝썬, 김학의, n번방… 역겨운 사건들을 최대한 거리를 두고 바라보며 내 일상의 경계를 간신히 지켜왔다. 그러나 손정우에서 급기야 일상의 한 부분이 파삭 내려앉았다. 뉴스가 내 일상을 잠식한 것은 강남역 살해사건 이후 처음이다. 다른 이들의 상태도 나와 비슷할까. 얼굴 모르는 이들의 안부가 걱정이 되었다.

무엇이라도 할 수 있는 일이 생겨 다행이었다. 국가

와 사회에 대한 분노가 '피켓 문구를 뭐라고 쓸까?' 하는 고민으로 바뀌고 나니 숨이 좀 쉬어지는 느낌이었다. 피켓을 만들고 나니 새벽 2시였다. 피켓이 구겨지지 않게 가방에 잘 넣어놓고 잠이 들었다.

　다음 날 오전, 서초동 서울고등법원 앞에 도착하자 시위에 참여하려고 온 여성들이 한눈에 보였다. 집회는 판결이 난 지 3일째였던 평일 낮에 열렸다. 생업이나 학업을 미루고 달려왔을 사람들이 속속 도착해서 여기가 집회 장소가 맞는지 묻고는 조용히 뒷줄에 자리했다. 혼자 온 이들이 많았고 담소를 나누는 이도 별로 없어 조용했다. 분노로 일그러진 얼굴도, 분노에 찬 고성도 없었다. 스태프들이 참가자의 체온을 재고 참가자 명단을 건넸다. 다른 참가자들의 정보가 가려진 바로 다음 칸에 자기 이름과 주소를 적었다. 아무도 말이 없었다. 나는 모두가 그토록 침착하다는 게 슬펐다.

　강남역 살해사건 이후로 이런 집회는 수없이 열렸고, 혜화역 시위 때는 수만 명이 모였다. 분노하는 사람들이 모여 분출하는 에너지가 있었고 거기에서 각자 힘을 받았으며 이젠 조금씩 달라지겠구나 희망도 얻었다. 그리고 다시 여기, 서초동. 그렇게 모여서 목소리를 냈건만, 현실은 아직도 손정우의 석방이다. 이걸 다 지켜보고도 나온 사람들이다. 냉소보다는 뭐라도 하기를 택한 사람들. 그들은 피켓을 받아 들고 대개 침묵을 지켰다.

조용히 줄이 길어지는 동안 옆에서는 확성기로 한 남성의 목소리가 반복적으로 울려 퍼졌다. 그는 "도덕성이라고는 전혀 없는 삼성 이재용을 처벌하지 않으면 상식과 윤리가 무너집니다!"라는 말을 끝없이 반복하고 있었다. 토씨 하나 틀리지 않은 채로 하나의 문장이 수십 번, 수백 번 반복되어 울려 퍼졌다. 나는 그의 주장에 동의하면서도 확성기를 빼앗아 집어 던지고 싶은 마음을 참기가 어려웠다. 더워서였을까 신경이 곤두선 것일까. 아무튼 짜증이 밀려와 머리가 아팠다.

기자회견이 시작되고 스무 명 가량의 취재진들 앞에 섰다. 피켓을 들고 그늘에서 햇볕으로 나갔다. 샌들을 신어 노출된 발등이 햇볕에 달구어져 벌겠다. 대표 발언자의 회견문 낭독을 들으면서 비로소 조금 전 남성의 확성기를 집어 던지고 싶었던 이유를 깨달았다. 발언자들이 마이크 앞에서 차분하면서도 강한 목소리로 읽어 내려간 발언문은 모든 문장이 완벽했다. 버릴 문장이 하나도 없었다. 쓸데없는 동어반복도, 흔한 비문조차도 없었다. 발언권을 얻은 여성들은 자기 말을 고르고 버리고 고치기를 반복해 완벽한 글을 가지고 마이크 앞에 선다. 하얗게 비어 있는 화면 앞에 앉아서 자신의 분노와 절망을 문장으로 짓기 위해 얼마나 많은 시간과 마음을 들여야 했을까. 고치고 또 고쳐가며 문장을 다듬었을 시간들. 자기 경험으로부터 시작해서 일상의 부조리를 고발하고 그게 어떻게 손정우와 같은 성범죄자로 연결이 되는지를 말하는 글은 담담하고도 단단했다. 당장 한 권의 책으로 묶어도 손색없을 것 같은 발언문들이 연이어 낭독되었다. 같은 문장을 끝없이 반복하던 남성의 목소리가 계속 생각이 났다. 이것부터 다르구나. 그가 그저 확성기에 대고 같은 말을 소리 지르듯 반복할 때 우리는 왜 이렇게까지 완벽한 글을 가지고 앞에 서야 하는가.

그 차이로 빚어진 결과의 극단이 바로 손정우다. 확성기 시위자에 대한 비난은 아니다. 절대 아니다. 그 또한 절박했을 것이다. 그 더위에 소리를 지르며 나름의 대의를 위해 노력했던 것이겠지. 나는 그저… 오래 싸우기 위해서 지치지 않기 위해서 숨을 고르며 서로 생수를 권하고 있는 여성들을 보는 게 너무 슬펐다. 용기가 나야 했는데 오늘은 좀 슬펐다. 긴 싸움이니까…. 네, 천천히 서로 힘을 아끼며 가요.

살아남았다

오늘 종로에서 모임을 마치고 밤늦게 지하철을 탔다. 막차였던 것 같다. 회기역에서 경의중앙선으로 환승한 나는 마음이 느긋해졌다. 여기서 양수역까지는 시도 경계를 넘는 먼 길이다. 여느 때와 마찬가지로 고개를 휴대폰에 처박고 트위터를 들여다보다가 거의 다 왔겠다 싶어 고개를 들자 전광판에 '신원'이라는 영어 글자가 보였다. 신원… 신원… 어디쯤인지 가늠해보려는데 발음이 낯설기만 하다. 설마 지나친 걸까.

벌떡 일어나 노선표를 보니 역 하나를 지나쳤다. 그토록 감이 없었다니. 겨우 한 정거장인데 전철은 한참을 무섭게 달린다. 한적한 마을과 마을을 연결하는 중이겠지. 도시에 오래 살면서 나는 도시의 불야성이 자연 발생한 것인 줄 착각하고 살았다. 불빛 한 점 없는 산과 들을 전철이 지나가고 있다는 것이 비현실적으로 느껴진다.

신원역에서 내렸다. 예상했지만 역사에 사람이 없었다. 아저씨 한 분이 같이 내렸는데 마음이 불안해서 먼저 가시도록 뒤로 비켜섰다. 역사 밖으로 나오니 차가 쌩쌩 달리는 왕복 4차선 도로가 보였다. 나머지는 다 논밭인 것 같았다. 사실 어두워서 보이는 게 별로 없었다. 도로변에 피어 있는 코스모스의 노란 빛깔은 그 와중에도 고왔다. 앞서간 아저씨는 어둠 속에서 점점 작아져갔다. 저분은 어디로 가는 걸까, 이런 도로변에 집이 있을까. 나를 강간하고 죽이지 않아줘서 다행이라는 생각을 하면서, 이런 생각을 하고 있는 게 너무 터무니없으면서도 일리 있다고 생각했다.

저 한 사람의 무고함을 놓고 보자면 내 생각은 터무니가 없었지만 저 사람과 내가 속한 세상이 내놓는 통계와 수치를 놓고 보자면 내 생각은 일리가 있었다. 만약 그가 인적 없는 역사에서 내가 자신을 보고 위협을 느꼈다는 것을 알면 불쾌해할까. 아니면 일리가 있다고 생각할까. 혹은 그렇게 만든 사회를 성찰할까. 그런데 나는 왜 저 사람의 생각과 감정을 헤아리고 있는 걸까. 죽임당할지도 모른다는 내 불안보다 그게 더 중요한 걸까.

항상 이런 식이었다. 이런 종류의 공포와 나란히 도착하는 것은 의심과 자기검열이었다. 혹시 이 모든 게 나의 피해의식이나 망상 같은 건 아닐까, 불안과 공포가 채가시지 않은 채로 나는 나를 의심한다. 이 지긋지긋한 버릇은 내 인생의 어느 시점에서부터 생겨나 이토록 무르익은 걸까.

아저씨가 사라진 어두운 도로를 바라보며 생각한다. 저 사람이 나를 강간하고 죽이지 않아 다행이라고 안도한 것은 결코 터무니없는 생각이 아니다. 그 안도가 터무니없지 않다는 현실이야말로 터무니없는 것이다.

속도를 높인 자동차들이 간간이 지나갔다. 택시 승강장도 없었고 택시도 없었다. 적막하고 어둡다는 게 겁이 났지만 겁이나 내고 있을 시간이 없었다. 피곤해서 자꾸만 내려앉는 눈꺼풀에 힘을 주고 택시 어플을 켰다. 헛. 어플을 깐 지 오래되어서 업데이트를 해야 한단다. 아주 쪼금씩 업데이트가 진행된다. 오늘 안에 업데이트가 되겠는가 싶어 콜택시에 전화를 했다.

"양수리요? 어데라고요? 신원역? 안 됩니다."

너무 가까운 곳이라서 안 된다 한다. 그래, 겨우 한 정거장일 뿐이니까. 근데 기사님, 그 한 정거장이 얼마나 먼지 아세요. 5.6킬로미터, 걸으면 1시간 50분이 걸린다고요.

"태워주시면 안 될까요?"

"네, 안 됩니다."

단호하다. 어플 업데이트 상황을 본다. 절반 정도 진행되었다. 택시 어플로도 택시를 잡지 못하면 어떡하나. 첫차가 5시 반에 있으니 네 시간은 꼼짝없이 어둡고 적막한 역사에서 기다려야 할 것이다. 하지만 나는 무사할 것이다. 오히려 사람이 없어서, 역사에 유일했던 한 사람이 나보다 앞서 저 멀리 사라졌으므로 무사할 것이다.

공포를 지나, 자기의심을 지나, 낙관과 어둠 속에 서 있는 사이에 어플 업데이트가 끝나고 다행히 택시가 곧 호출되었다.

집으로 무사히 돌아왔다. 오늘은.

빈칸

나의 세계가 좁고 초라하게 느껴지려는 순간에 별이가 눈에 들어왔다. 무엇이든 할 수 있었고 또 아닐 수도 있었던 지난 10년이 거기에 있었다. 무엇과도 비교할 수 없다는 걸 알면서도 나는 자꾸만 내 삶을 남의 삶과 견주어보았다. 아이를 기르느라 몸이 지치고 마음이 그 뒤를 따랐다. 인생이 산산이 부서져 가루가 되어버린 느낌. 별이는 너무 사랑스럽지만 내 삶이 텅 비어버린 느낌. 이렇게 인생이 그냥 지고 마는 건가.

나는 하루가 힘겹다. 스스로 잠들지 못하고 자고 일어나도 개운하지가 않고 글을 쓰려고 해도 의자에 앉아 있는 게 버겁다. 예전과 같은 빠릿빠릿함은 이제 영영 내게 없을 것 같다. 그 자리에 다른 무언가가 채워져야 할 것 같은데 여전히 빈칸이다.

다시 별이를 본다. 안 자려고 버티다가 밤 11시가 다 되어 잠이 들었다. 엄마가 제일 좋은 별이. 자기 전에, 엄마가 너무 좋아서 어떡해, 라고 말하는 별이. 안으면 아직까진 품에 쏙 들어오는 아이. 보드랍고 만질만질한 팔과 다리로 내 몸뚱이를 꽉 껴안는 아이. 그래도 내 빈칸에 채워 넣을 수는 없는 아이.

별이가 조금만 더 자라면, 조금만 더 크면, 그때 난 내 삶을 되돌려받을 수 있을까. 사실은 누가 뺏어 간 것도 아니고 지금 이 순간이 내 삶이라는 것을, 지난 10년이 다 내 삶이었다는 것을 머리로는 알고 있다. 받아들이기가 버거울 뿐. 내일은 오늘보다 조금 더 나을 것이다. 그렇게 믿는 수밖에 없다.

어떤 이웃

"엄마 나 구름에게 하고 싶은 말이 있어."

잘 준비를 하고 침대에 누우며 별이가 말했다. 구름은 양평에서 내가 새로 사귄 친구다. 양평 시시장 기획자이자, 여러 가지 물건을 직접 손으로 만들어 파는 장꾼이다. 얼마 전 구름을 인터뷰할 일이 있었다. 사전 조사를 위해 들어간 구름의 인스타그램을 보다가 나는 구름을 존경하고 동경하게 되었다.

그는 무엇이든 다 만드는 사람이었다. 대나무를 담양에서 공수해 와 자르고 쪼개서 바구니를 만들었다. 뜨개질과 바느질, 그림과 판화, 목공. 그가 만들어낸 다채로운 작업물들과 이를 지지하고 함께하는 좋은 친구들이 그의 인스타그램에 넘쳐났다. 그가 오랜 시간 차곡차곡 만들어왔을 세계를 늦은 밤까지 읽어 내려가자니, 문득 나의 세계가 비좁게 느껴졌다.

나는 언젠가부터 잘못된 것들을 잘못되었다 말하는 일을 주로 했다. 잘못된 것이 너무 많은 세상이라서 해도 해도 끝이 없었다. 아무리 외쳐도 견고한 세상에 금 하나 나지 않는다고 느껴지는 날이 많았다. 내가 얼마나 소모되고 지쳐가는지도 모르고 스스로를 돌보지 않았다. 그 와중에 작은 인간을 길렀다. 근 10여 년간 나는 계속 갈리고 없어지고 있었다. 우울증의 터널이 생각보다 길기도 했다.

구름의 세상은 달라 보였다. 풍족하고, 다채롭고, 깊어 보였다. 그의 인스타그램에 좋아요를 하나씩 누르며 나는 점점 말이 없어졌다. 그날 밤 나는 좀 불행했다. 내 삶을 깎아내리고 불행하기로 작정이라도 한 것처럼. 불행한 채로 잠이 들었다.

다음 날 아침 해를 보고, 나는 지난밤의 내가 얼마나 약하고 어리석었는지 바로 깨달았다. 아무리 나의 삶이라고 해도 내가 내 삶을 깎아내릴 권한은 없다고 생각했다. 옆에서 아직 자고 있는 별이를 한번 꽉 껴안고 일어나서 생각했다. 하루하루 차곡차곡 디뎌 여기까지 온 내 삶도 다채로웠다고, 충분히 넓고 깊었다고, 고생했다고, 스스로를 다독였다(잠을 잔다는 건 이래서 중요한 거구나). 그리고 기뻐했다. 구름 같은 이웃을 만난 게 그제야 기뻤다. 즐거운 장터를 만들고 동네의 할머니들과 친구가 되는 사람, 자연의 풍경과 농작물을 그리고 찍어서 달력과 엽서, 가방을 만들 수 있는 사람, 그런 사람이 이웃이라니. 어제의 다크함은 밤과 함께 사라지고 마음이 부자가 된 것 같았다.

잠에서 깬 별이에게 구름 이야기를 하고, 구름의 유튜브, '죽공일지'를 같이 봤다. "대나무를 잘라서 바구니를 만들다니 너무 대단하지 않아?" 별이는 10분짜리 영상을 집중해서 봤다. 고양이와 강아지를 보고 깔깔 웃기도 했다. 인터뷰를 하면서 구름이 선물해준 그림엽서도 함께 봤다. 메주 담그는 법, 춤추는 할머니, 양수리 오일장에 농작물을 팔러 나온 할머니 등이 그려져 있었다. 별이는 그림을 자세히 봤다. 할머니들의 굽은 등과 화려한 옷들, 그리고 구름이 적어놓은 작은 글씨들을 소리 내어 읽고 또 읽었다.

그리고 며칠이 지난 어젯밤, 별이가 불쑥 구름을 떠올린 것이었다. 밤 10시 반이었다. 연락하기엔 너무 늦었고 별이도 잘 시간이었지만 그냥 넘기기에는 내가 아쉬웠다. 구름에게 넌지시 문자를 보내보았다. 혹시 아직 주무시기 전이라면 별이가 하고 싶은 말이 있다고 하는데 전해도 되냐고. 밤 산책 중이라던 구름에게 별이는 이렇게 써달라고 나에게 부탁했다. "내일 구름 집에 놀러 가고 싶어요." 우리 별이 용감하구나. 나는 용감한 별이를 속으로 응원하며 별이의 문장 뒤에 숨어 구름에게 문자를 보냈다. 그리고 오늘 구름의 집에 다녀왔다. 별이는 행복했을까. 나는 그랬다. 좋았다. 오늘의 모든 순간이 좋았다.

낯선 부용리의 낯선 집에서 호기심 어린 눈빛으로 별이는 구름의 집을 둘러보았다. 아이의 호기심을 말리는 척했지만 사실 내 눈이 더 반짝이고 있었을지도 모른다. 동네 산책을 하고, 다정한 구름과 다정한 대화를 나누고, 동네 형아네 집에 놀러가고, 동네 삼촌이 해준 스파게티를 먹은 별이. 낯선 곳에서 꽤 자연스럽게 행동하는 별이, 자기를 초대해달라고 용기 있게 말해준 별이가 고마웠다.

엄마도 낯선 곳에 가는 건 조금 서먹하니까 우리 서로 손을 꼭잡고 모험과 탐색을 해보자. 우리 둘이 있어서 다행이다. 우리 서로 손 꼭 잡고 어디든 가보자. 어느 집 문이든 두드려보자!

등을 박박 긁다가

"내가 많이 크고 엄마가 죽기 직전이 되면 이런 추억은 생각도 안 나겠지?"

"그런데 지금은 실제로 있잖아(울먹)."

"나도 언젠가 죽겠지?"

"내가 죽으면 내 마음도 사라지는 거지, 맞지?"

"죽음은 감동이야. 자꾸 눈물이 나."

방금 잠들기 전에 별이가 한 말들이다. 최대한 그대로 기록하려고 아이 곁에 누워 눈을 감은 채로 계속 속으로 복기를 하다가 아이가 잠이 들자마자 벌떡 일어나서 최대한 들은 대로 먼저 썼다. 아이의 말이 날아갈까 봐.

이제 차근히 다시 써보자. 잠들기 전에 별이는 등을 긁어달라고 한다. 엄마 손은 효자손 노래를 부르며. 귀찮은 일이다. '아 성가셔'라고 생각하며 아이 옷 속에 손을 넣어 등을 박박 긁고 있는데 별이가 갑자기 "엄마가 죽기 직전이 되면 이런 추억은 생각도 안 나겠지?" 하는 거다. "무슨 추억?" 하고 물어보니 "이렇게 엄마가 나 등을 긁어주는 추억 말이야. 나중엔 기억도 못하겠지. 다 잊어버리겠지" 한다.

등긁기귀찮아 모드를 급하게 다정 모드로 바꾸며

"난 다 기억날 거 같은데. 등 긁느라 얼마나 팔이 아픈데!" 쾌활하게 넘어가려고 했지만 잠깐 말이 없어진 별이. "엄마가 죽으면 엄마를 다시는 못 보는 거지. 엄마는 사라지는 거지"라고 한다. 아니, 등을 긁다가 어떻게 여기까지…. "아니야, 엄마가 그렇게 쉽게 사라질 순 없지. 별이 마음에 다 남아 있지!" 이 정도면 아이가 안심을 할 수 있을까 하고 아이를 살피는데 어둠 속에서 아이가 울먹거린다. "그런데… 지금은 실제로… 있잖아!" 실제로 있다는 사실에 아이는 안도와 서러움, 불안함을 함께 느낀 걸까. '실제로'라는 말을 발음할 때 아이의 목소리가 떨렸다. 손으로 눈물을 닦아내고 있었다.

"그래 우린 실제로 있지" 하고 별이를 꼭 안아주었다. 이상하게 나도 눈물이 날 것 같다. 둘이 말없이 우는데 별이가 "나도 언젠가 죽겠지?"라고 담담하게 묻는다. "응." 나도 담담하게 답한다. "그럼 내가 죽으면 내 마음도 사라지는 거지? 이건 맞지?" 재차 확답을 원하는 별이. "마음이 그렇게 쉽게 사라지는 게 아니야. 네가 살면서 사람들을 얼마나 많이 만나고 마음을 나누고 살겠어. 마음이 여기저기 다 흩뿌려져 있는 거지. 그게 어떻게 다 갑자기 사라질 수 있겠어."

어린 마음의 불안과 호기심에 대답이 될 수 있을까 나조차도 의심을 거두지 못한 채 뿌린 말들. 그걸 듣고 잠시 조용해진 공기를 별이가 깨며 말했다. "죽음은 감동이야. 자꾸 눈물이 나."

감동과 슬픔을 헷갈려 그렇게 말한 것 같다. 감동스러울 때 가슴이 뜨거워지면서 코끝이 찡해지는 그 느낌을 별이는 슬픔이라고 알고 있는 거다. 죽음만 생각하면 '감동'인 별이. 그래서 대화의 끝에 꼭 눈물을 흘리는 별이. 대단히 완벽한 대답을 해줄 수도 없어서 그냥 그런 아이를 꼭 안고 같이 울 때가 더 많다. 죽음에 대해 별이가 물어올 때면 나는 내 삶을 돌아보고 어떻게 살아야 하는지 그야말로 왜 사는지 생각해보게 된다. 세상에나, 등을 박박 긁다가 말이다.

요즘 나는 여력이 있다. 아주 조금 있다. 그래서 뭔가를 쓰고 싶다. 이 와중에 만 7세 별이는 잊고 싶지 않은 순간들을 계속 만들어낸다. 잊지 않으려면 적어야 한다. 그동안 얼마나 많은 순간들을 그냥 흘려보냈을까. 별이는 나에게 매일매일 엄청난 이야기들을 건네왔는데…. 운동을 더 하고 잠을 푹 자고 잘 먹고 그 모든 걸 최대한 놓치지 않고 느끼고 감탄하고 감동하고 기록할 것이다. 잠든 아이 옆에서 그냥 잠들고도 싶지만 적지 않으면 잊힌다. 이불을 박차고 나와서 쓴다.

죽음에 대해 불안도 걱정도 슬픔도 많은 아이. 우리 별이. 이건 분명 내가 기억할 추억이 될 거야. 이렇게 글로 남기면 그렇게 돼. 걱정 말고 자렴.

운동복을 입은 내 몸

오늘 서울 일정을 마치고 양수리까지 오는데 전철 유리 문에 비친 운동복 입은 내 몸이 낯설었다.

내 모습이 낯설었다기보다 내가 내 모습을 인식하는 감각이 낯설었다고 해야겠다. 그동안 내가 생각하는 운동복의 착장 이미지는 이렇다. 잘록한 허리선이 몸의 약간 위쪽에 자리하고, 상의에 비해 짧은 바지를 입어서 다리가 길어 보인다. 배는 납작해야 하니까 넓은 밴드로 뱃살을 좀 눌러주고, 물론 배에 힘도 좀 준다. 그런데 오늘 전철에 비친 내 모습은 울룩불룩 뱃살의 굴곡이 드러난 상의에, 바지는 여성 운동복 문법(?)에 따르자면 몹시 어중간한, 다리가 길어 보이는 효과 따위는 없는 그냥 진짜 반바지였다.

나는 여성의 몸에 대한 판타지가 내 안에 아직도 건재한 줄로 알았다. 탈코르셋을 한다고 하고 있어도 오랫동안 강요된 신체 이미지로부터 자유롭기는 어렵다고 생각했다. 근데 오늘은 아니었다. 패션 센스 되게 없어 보이는 듯한 무심한 운동복 착장이 마음에 들어서 유리에 비친 내 몸을 보고 또 봤다. 어떤 허상의 이미지도 내 몸에 덧씌우지 않았고, 이상적인 몸매나 옷태에서 뭔가가 결핍되었다는 감각, 사실 오랫동안 공기처럼 익숙해서 딱히 의식하지 않고서도 느꼈을 그 결핍의 감각이 사라졌다. 아니 감각했더라도 너무 사소했다.

이 상태와 경험이 머리로만 알았던 지식과 또 달라서 기록한다. 특히 울룩불룩했던 내 뱃살. 보기 좋았다. 자기 뱃살이 인품이라고 말하는 중년 남성들의 심리는 뭘까, 이해 못했는데. 이런 거였을까. 자기 몸에 대한 한없는 긍정. 여자들이 이제 그런 것 좀 가져봐야겠다. 적어도 조금 무심해질 수 있다면 좋을 것이다.

안부를 물으면서

하루가 다 가도록 간밤의 꿈이 생생하다. 내 일거수일투족이 모두 사진으로 찍혀서 온라인에 돌아다녔다. 남초 사이트에서 끊임없이 품평을 당하고 욕설을 들었다. 비웃음과 위협적인 목소리들이 떠다녔다. 그 와중에 별이가 떠올라서 불안함에 견딜 수가 없었다. 별이가 다치면 어떡하지, 계속 그 생각을 했다. 그런 꿈이었다.

눈을 뜨고 생생한 폭력을 다시 경험한 것에 대해 잠깐 치를 떨었다. 시간이 많이 지났는데 지난날의 폭력이 고스란히 꿈으로 재현된 것이 놀라웠다. 평화롭고 별일 없는 일상이 내 것이라고 생각했다. 이것도 진실이다. 나는 요즘 무탈하다. 나를 맹렬하게 공격했던 이들은 이제 다른 먹잇감을 찾아 떠돌고 나는 관심과 증오의 영역에서 벗어났다. 그런데 왜 갑자기.

어제 서울시 교육청 양성평등 교사 연수에 퍼실리테이터로 참여했다. 온라인 화상 연수였고 열 명 정도 되는 작은 그룹의 토론을 진행하는 역할이었다. 많이 힘들지 않았다. 오랜만에 페미니스트 동료 교사를 만나니 직접 본 게 아니어도 반가웠다. 이어지는 토론 결과 발표는 내가 자원한 것이었다. 의미 있는 의견이 나와서 전체 공유를 해야 한다고 생각했다. 카메라가 켜졌고, 2백여 명 정도 되는 인원이 참여했다.

별것도 아닌 일이다. 잠깐의 발표, 대부분의 사람들이 흘려듣고 기억도 못할 짧은 시간. 더 많은 사람들 앞에서 강연도 수차례 해보았다. 1년 동안 전국을 다니며 내 얼굴에 대고 삿대질을 하고 욕을 하고 고함을 지르는 사람들을 대면하기도 했고, 강의 후에 폭력적인 사람들을 피해서 건물에, 주차장에 숨어보기까지 했다.

그 모든 시간을 다 보내고 여기에 있다. 이제는 아무렇지도 않다고 믿었다. 아무렇지 않아야 한다고 믿었던 건지도 모르겠다. 꿈속에서 화상 연수의 화면이 계속 등장했다. 그러니까 온라인상에서 사람들의 얼굴을 보고 나를 드러낸 것이 무언가를 건드린 것 같다. 상대방은 나를 보는데 나는 그들이 누구인지 모르는 상황이 기시감을 주었을까. 나는 정말 괜찮았는데 왜 그런 꿈을 꾸었을까. 부정하고 싶어서 하루 종일 생각을 피했다. 그런데도 계속 꿈속의 이미지가 떠나지 않는다. 글로 적고 털어버려야겠어서 적어 내려간다. 나는 괜찮다. 온라인상에서 폭력을 겪었기 때문에 연상작용이 일어난 것뿐이다. 실제로 나는 괜찮다. 그리고 괜찮지 않아도 괜찮다. 내가 넘어야 할 마지막 남은 야트막한 언덕 같은 것일지도 모른다.

혼자 진정을 해보다가 떠오르는 이름들이 있다. 가

장 먼저 떠오른 김지은 님. 고통이 아무리 주관적이라고 해도 그분이 겪은 고통에 내 것은 비할 바가 못 된다. 비교할 수조차 없다. 얼마나 힘들고 가슴이 졸아들고 버겁고 무겁고 무서웠을까. 그리고 지금은 어떻게 지내고 계실까. 사무치게 안부를 묻고 싶어진다. 『김지은입니다』를 읽고 생협에 가서 몸에 좋아 보이는 것들을 상자에 싹 쓸어 담고 김지은 님께 편지를 써서 봄알람 출판사에 보냈다. 작은 마음을 전할 수 있었다. 이렇게 한 사람이 나 말고도 많겠지. 많았기를. 연대하는 사람들이 끝까지 김지은 님을 지키겠지. 나도 그중 하나가 될 수 있겠지.

그리고 휴가중 님. 끝내 병가를 내신 것 같았다. 안부를 물을 수 있고 닿을 수 있는 거리에 있다. 밥이라도 같이 먹고 싶다. 당장 그럴 수 없지만 연결되어 있을 것이다. 코로나가 진정이 된다면 당장 달려가서 안부를 물을 것이다. 잘 드셨으면 좋겠다. 잘 잤으면 좋겠다.

그렇게 안부를 물으면서 점점 더 괜찮아질 것이다. 나의 안부를 물어주는 사람들도 내 곁에 많았다. 그걸 늘 생각하려고 한다. 그리고 별일 없을 거다. 잘 먹고 잘 자면 된다. 몸에 힘을 빼고 호흡… 깊은… 호흡.

신호

별이는 이제 자기 방에서 혼자 자는 어린이가 되었다. 침대맡에서 책을 하나 읽어주고 잘 자라고 인사를 하고 나오면 어떻게든 혼자서 자보려고 애를 쓴다. 그러다가도 언제 내 방으로 왔는지 갑자기 노트북을 들여다보고 있는 내 옆에 서 있기도 하고, 침대에서 다시 뛰쳐나와서 혼자 소꿉놀이를 하는 소리가 들리기도 하지만 그것도 다 노력해가는 과정이다. 이제 완전히 받아들인 것 같다. 자기 방에서 자야 하며 다른 선택지가 없다는 것을.

요즘 몸의 신호가 심상치 않다. 몸의 왼쪽이 매우 불편하고 경직되어 있다. 하루 종일 여기에 신경을 쓰느라고 뭔가 제대로 집중하기가 어렵다. 아이와 함께 있는 시간에도 그렇고 혼자 운동하는 시간에도 영 집중이 안 된다. 운동을 하려고 매트 위에 섰다가 건성건성 방을 돌아다니다가 식물을 보고 눈에 띄는 것들을 정리하고 그러고 있다. 정성스레 몸을 움직인다고 풀릴 만한 불편함이 아니라서 그런 것 같다. 애써 봐야 풀릴 것 같지도 않아서 시작도 하기 싫은 마음? 전반적으로 의욕이 떨어졌다.

한동안 그림을 그리는 게 재밌어서 이걸로 시간을 많이 때웠다. 하지만 요즘은 시작을 했다가도 가만히 앉아 있기조차 힘들어서 그리다 말아버린다. 별이와 며칠 전에 두물머리 산책을 하며 왠지 마음이 짠해졌던 장면을 그려보고 싶었다. 연잎을 바라보며 음료수를 마시던 별이의 뒷모습이었다. 강물과 연잎들 그리고 그 위의 하늘과 구름까지 그려야 완성인데 별이 몸의 윤곽선만 겨우 그리고 포기했다. 몸과 마음이 진득하게 몰입할 수 있는 상태가 전혀 아니다. 뭔가를 하는 것도 아니고 안 하는 것도 아닌 상태로 하루를 그냥 어정쩡하게 보내고 있다. 그러니까 내 시간이 있는 것도 아니고, 그렇다고 아예 없다고는 할 수 없으면서 그걸 내 마음대로 운용할 수는 없는 상태로 나의 책임과 결정하에 자잘한 일상과 보육이 이어지고 있는 상황. 아… 애매해, 아… 어중간해. 이게 사는 건지 뭔지.

날씨 탓이다

마음이 너무 힘들고 울고 싶고 앉아 있어도 서 있어도 불편한 상태로 하루를 보냈는데 이유를 찾아보려고 애를 쓰다가 그냥 날씨 탓으로 결론을 내렸다. 하루 종일 비가 왔고 집 밖으로 한 번도 나가지 않았다. 오후에 내가 너무 힘들어해서 동거인이 아이를 데리고 드라이브를 하러 나갔다. 아이가 없는 사이에 평정심을 되찾고 싶었지만 그러지 못했다.

집으로 돌아온 별이랑 저녁을 먹고 각자 텔레비전을 봤다. 나는 영화 〈미성년〉을 봤다. 눈물까지 흘리면서 재밌게 봤지만 사실 나는 지쳐 있었다. 울고 나니 두통까지 더해졌다. 눈이 뻐근하고 묵직했다. 저녁 8시쯤 되어 늘 그렇듯 요가를 시작할 채비를 하면서도 정말 하기가 싫어서 딴짓을 했고, 그사이 동거인이 별이 양치질을 시키는 소리가 들렸다. 아, 그래도 어찌어찌 하루가 끝나가는구나 안심하면서도 허무했다. 하루를 보내는 게 너무 길고 힘든 반면 계절은 어떻게 이렇게 빨리 흐르는지 모를 일이다.

예전에 비하면 몸 컨디션이 얼마나 좋아진 건지 알면서도 이것으로는 부족하다는 생각이 항상 든다. 이렇게 해서 제대로 살 수 있을까, 금방 또 쓰러지는 건 아닐까, 의심스럽고 위태롭다. 이 모든 불안과 불안정도 날씨 탓이라고 해두자. 더운 듯해서 창문을 열면 불쾌한 한기가 밀려오고, 창문을 다시 닫으면 여지없이 다시 땀이 솟았다. 정말 사람을 처지게 하는 날씨였다. 기분 좋은 바람과 햇볕이 있는 날이었다면 달랐을 거다.

내가 완전히 탈진한 상태라는 걸 알지 못하는 별이는 잠들기 전에 내가 책을 읽어줘야 한다고 주장했다. 나는 오늘만 그냥 넘어가고 싶어서 거절했지만 별이는 제 방에서 혼자 자기로 한 것에 대한 약속이었다고 어제 읽다 만 책을 가지고 왔다. 나는 별이와 함께 별이의 침대로 기어 올라가 어제 읽다 만 페이지를 펼쳤다. 밥이 되는 똥, 똥이 되는 밥 이야기였다. 똥을 거름으로 쓰지 않고 강물로 흘려보내는 것을 진심으로 안타까워하는 글쓴이의 마음이 느껴졌다. 좋은 책이라고, 술술 잘 읽히게 쉽고 재미있게 썼다고, 반쯤 감은 눈에 지친 목소리로 책을 읽어주며 생각했다. 별이는 한 챕터를 더 듣고 싶어 했지만 아무리 좋은 책이라도 지금 내 상태로는 어림없는 일이었다.

"오늘은 영어 공부를 못했네. 내일 하자." 알파벳을 읽고 싶어 하는 별이를 위해 요즘 자기 전에 알파벳을 몇 개씩 읽어보고 그려보는 중이었다. 책을 덮고 나오며 내가 무심코 뱉은 이 말에 별이는 당장 침대에서 벌떡 일어나 내 방으로 향했다. 조금 전의 내가 얼마나 멍청하고 어리석었는지 생각하고 또 생각했다. 책상에 앉은 별이에게 알파벳 두 개를 알려주고 같이 글씨를 쓰고 그림을 그렸다. 별이의 그림은 기발하고 귀여웠으나 나는 그걸 기쁨으로 받아들일 체력이 없었다. 혼신의 힘을 다해 미소를 짓고 별이를 격려한 후 방으로 돌려보냈다.

이렇게 하루가 끝나나 보다 작은 한숨을 내쉬는데, 요가를 시작하기 위해 필요한 최소한의 의지와 에너지가 사라져 있다는 걸 알았다. 멍하게 책상에 앉아서 빈 노트에 낙서를 끄적이다가 넷플릭스를 켜고 미드를 하나 틀었는데 화면 속 사람을 보고 자막을 읽고 하는 일이 구역질 날 것처럼 지긋지긋했다. 끄면 되는데 그 상태로 계속 봤다. 이건 좀 병증인데 어떡하지, 정말 안 좋은데, 하고 생각했다. 날씨 때문일 거라고, 날씨가 생각보다 사람에게 미치는 영향이 크다고 다시 날씨의 책임을 물었다.

미드를 끄고 방과 거실을 서성이다가 별이 방에 불이 꺼진 걸 발견했다. 서재에 있는 동거인에게 가서 별이 방 불을 꺼줬느냐고 물으니 아니라고 했다. 별이가 혼자 놀다가 이제 자야겠다 마음을 먹고 침대 스탠드 불을 끈 것이다. 그리고 어둠을 견디며 침대 위에서 뒤척이고 있는 것이다. 혼자 침대에 누웠다가도 열두 번은 넘게 내 방을 들락날락하면서 나를 귀찮게 하던 별이가.

어둠 속에서 아이가 잠들기를 조용히 기다리다가 그렇게 나의 시간이 조금씩 넓어지고 있다는 걸 깨달았다. 그런데 기쁘지 않았다. 아이가 나를 찾지 않아 서운한 건가 생각해봤지만 그건 아닌 것 같았다. 사실 아이는 아직 나를 하루 종일 찾으니까. 다만 나는 아이가 나에게 매달리지 않을 때, 그렇게 원하고 바라던 나만의 시간이 앞으로 조금씩 더 많이 주어질 때 내가 그 시간에 온전한 나일 수 있을지를 의심하고 있었다. 그동안 육아 때문에 이것도 저것도 할 수 없어, 라고 했던 말들의 진실성을 입증해야만 할 것 같다는 부담감이 차올랐다. 사실 육아 때문이 아니라면, 그저 내가 약하고 어리석고 게을러서였다면 어쩌지. 육아 노동의 가치와 무게를 후려쳐가면서까지 이렇게 스스로를 압박하고 강박적으로 대하고 있다.

이건 분명 날씨 탓이다. 지금 나를 의심하고 불안하게 만든 생각들 다 헛소리다. 믿지 말아야 한다. 무게를 실어주지 말아야 한다. 이렇게 적고 잊어버려야 한다. 내일 바람이 좀 불면 나아질 것이다. 헛소리 중 대부분은 바람에 날아갈 것이다. 신기하다. 글을 쓰고 나니 요가를 할 수 있을 것 같다. 매트 위에 다시 앉아본다.

불안한 사람의 혼잣말

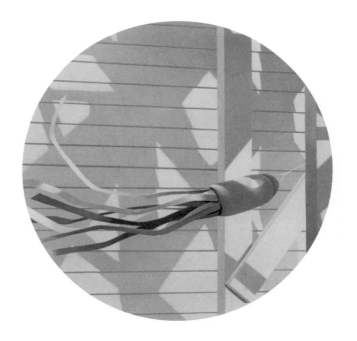

2부

폐허에서 일어서기

며칠째 새벽 5시에 눈이 떠진다. 수면약을 줄여서인가. 더 좋아지려고 잠깐 주춤하는 과도기일 수도 있다. 어쩌면 방송 때문일 수도 있다. 담담하게 해치우자고 생각하고 있고 실제로 담담해하고 있지만 나도 모르게 긴장하고 있는지도 모른다.

최근에 한 시사프로그램에서 『조선일보』 소송 사건을 다루고 싶다고 연락이 왔다. 잊고 살 만하면 섭외 요청을 받는다. 계속 거절하다가 한두 달 전쯤에는 용기를 내서 목소리 인터뷰 정도 하기로 했던 게 기획이 엎어졌다고 죄송하다 연락이 왔다. 속으로 안심했던 것 같다. 어쨌든 용기 낼 일은 없어졌고, 용기를 냈다는 사실이 남았기에 뿌듯했다.

그리고 이번 제안이 왔을 때는 오래 고민하지 않고 결심했다. 그간 계속 거절했던 이유는 사건 이후 일신의 불안 때문이기도 했지만 페미니즘 이슈를 제대로 다루는 방송이 아니었다고 판단한 이유도 있었다. 나는 페미니즘 교육을 말하고 싶었고 논란의 본질 역시 그것이라고 보지만, 진보(라고 지칭되는) 언론 일부는 『조선일보』의 왜곡 보도를 비판하는 재료로서 내 사건에 집중하고 있다는 게 섭외 메일이나 통화에서 여실히 느껴졌다.

수구 언론의 적폐가 나의 고통을 가중시킨 건 맞지만 그게 본질은 아니었던 사건이다. 제대로 다뤄질 것도 아니라면 어딘가에서 또다시 사람들의 입에 오르내리고 싶지 않았다.

그런데 몇 년 사이에 내가 좀 흐릿해졌는지 이젠 그게 뭔 대수인가 싶다. 어차피 이 문제 저 문제를 선명하게 가를 수 있는 것도 아니고 서로 연결된 문제이기도 하다. 뭐든 내가 세상에 내놓아야 하는 게 있으면 내놓자. 또다시 왜곡되고 오해받겠지만 사람들은 어차피 자기가 보고 싶은 것을 본다. 언론의 적폐를 고발하는 언론에 소재가 되어주는 일이 뭐 그렇게 어려울 일인가. 이미 다겪은 일이고 판결까지 난 일인데. 딱 거기까지 생각하기로 했다.

방금 전 적막하고 어두컴컴했던 새벽이 푸르스름한 아침으로 바뀌어가는 걸 멍하게 보다가 별안간 내가 앞으로 (별일 없다면) 살아가야 할 시간을 헤아려봤다. 평균 수명으로 40년, 조금 더 길게 산다면 50년이다. 내게 일어난 일련의 일들을 얼마나 더 많이 상기하며 살까, 거기에 얼마나 더 영향을 받으며 살아갈까. 그냥 딱 잊어버리고 살면 좋을 텐데. 무슨 일 있었냐는 듯 예전의 내가 되면 좋을 텐데. 그러기엔 가정, 친구, 관계, 직업, 그리고 나라는 사람의 형질까지 너무 많은 변화가 있었다. 아니지, 몰아쳤다. 잠잠해지고 돌아보니 온통 폐허가 된 느낌. 그 후로 열심히 재건 중이다.

정신과 주치의는 외상후성장(PTG)이라는 말을 해 줬다. 힘든 일을 겪은 사람은 지혜롭고 영리해진다고 했다. 그런데 왜 나는 점점 더 멍청해지는 기분일까. 책을 오래 읽을 수 없고 아직 하나의 일에 집중하지 못한다. 이게 누적되니까 또다시 멍청해지는 것 같다. 날렵하고 또렷했던 옛날로 돌아갈 수 있을까.

다음 주에 피디와 작가가 사전 인터뷰를 하러 온다고 해서 필요한 자료를 찾느라 옛날 파일을 뒤적이는데 벌써 가물가물해진 기억들이 중구난방으로 떠올랐다. 그랬다. 맞다. 이때까지는 학교에 대한 기대가 있었구나. 내가 이런 말도 했구나. 그래 한 동료에게 실망을 크게 했지. 이런 문자도 받았구나. 이런 응원도 받았구나.

사건이 한창일 때 여러 출판사에서 출간 제안을 받았다. 여력이 안 되어 대부분 거절했지만 계약서에 도장을 찍기 직전까지 간 곳이 한 군데 있었다. 지금 생각해 보니 그때 그냥 도장을 꾹 찍어버렸어야 했다. 그럼 과거의 내가 고생을 더 해서 어떻게든 책이 나왔을까. 뭐라도 꾸역꾸역 써서 한 권의 책으로 정리했다면 지금의 나는 조금 더 앞으로 걸어갈 수 있었을까.

어떤 기억과 상처가 이렇게까지 끈질길 수 있는지 그때는 몰랐던 것 같다. 얼른 혹 털고 일어나서 다음 페이지를 넘기고 싶었다. 그때는 오히려 지금보다 활기가 있었다. 금방 이겨낼 역경을 지나는 중이라고 생각하니 다음의 일들이 기대가 되고 뭔가 남다른 야심과 용기가 샘솟곤 했다. 그런데 시간이 지날수록 계속 같은 페이지에 있는 느낌이다. 내가 위례별초등학교에 처음 갔을 때 별이는 16개월 아기였는데 지금은 초등학교 1학년이다.

요즘은 이런 생각까지 했다. 위례별혁신학교 공문을 보지 말았어야 했는데. 그랬으면 나는 그냥 평범하고 착실하게 좋은 교사로 성장하고 있지 않았을까. 확실히 경력이 단절된 느낌이다. 나만의 길을 걷고 있었는데 누가 확 핸들을 돌려버린 느낌. 아니, 도로가 무너져 내린 느낌.

그래도 멀리 왔다. 그냥 안고 가는 수밖에 없다. 이렇게 걸어가는 수밖에 없다.

불안

종일 트위터를 붙잡고 있었다. 불안이 찾아온 것이다. 불안과 트위터는 친구이다. 나는 불안에게 말했다. '어, 왔어? 다음 주 방송 출연하는 것 때문이지? 네가 올 줄 알았어.' 불안은 말한다. '나를 어떻게 할래?' '트위터를 붙들고 있으면서 너를 잊고 싶어. 거기 얌전히 있어줘.' 그리고 평화롭게 트위터를 보려는데 뇌가 과활성화되는 게 느껴지면서 무심히 타임라인을 넘기는 게 안 된다. 이상하게도 평소에 잘 떠오르지 않던 생각들, 하다 만 생각들, 타임라인 이슈, 방송에서 할 이야기 등이 동시다발로 여기저기서 튀어나왔다가 쉭 하고 사라진다. 만화라면 머리에서 김이 모락모락 났을 것이다.

내게 찾아온 불안이 머릿속에서 허겁지겁 많은 일을 하기 시작한다. 잡다하게 떠오른 생각들을 하나의 문장들로 순식간에 엮어낸다. 몰아친다고 해야 적당할까. 아이디어와 낱말 등이 비약적으로 연결되고 내가 관여한 여러 모임의 방향성과 앞으로 할 일까지 쓸데없이 생각하느라 뇌 공장이 멈추지 않는 것 같다. '이건 불안, 바로 너의 짓이라는 걸 알고 있어. 사실 너는 잘못이 없어. 중요한 일이 다가오고 있다고 판단해서 거기에 대비하고 싶어 하는 것뿐이잖아. 그래 너는 지금 내게 분명한 동력을 제공하고 있고 (내 의사와는 상관없이) 내 뇌가 평소보다 훨씬 더 많은 일을 하려고 마구 돌아가는 것 같은데 난 좀 버거워.'

트위터에다가 일단 비웠다. 떠오른 생각이 얼추 문장이 되면 그냥 막 트위터에 적었다. 특히 시시껄렁한 이야기들이라면 더욱 놓치지 않았다. 불안을 다스릴 땐 비장한 것들은 도움이 안 되니까. 수트 이야기, 화분 이야기, 비건 이야기, 연희동 이야기 등등을 아무 맥락 없이 머릿속에 떠올랐다는 이유만으로 그냥 적어서 올렸다. 원래 트위터는 그런 거지만 오늘은 더욱 그랬다. 혹시라도 더 나은 문장으로 바꾸겠다고 띄어쓰기를 신경 쓰거나 오타와 비문을 점검하면서 붙잡고 있지 않으려고 씀과 동시에 보내기 버튼을 눌렀다. 떠오르는 대로 올린 '잡트'들은 바쁜 타임라인에서 순식간에 어딘가로 사라졌다. 누가 얼마나 어떻게 읽었을지 모른다. 그냥 다 사라졌다.

버스를 기다리면서 내가 막 뿌려놓은 글을 역순으로 쭉 읽어봤는데 어쩐지 뿌듯했다. 몇 해 전 혐오 세력들에게 표적이 되어 내 모든 트윗이 탈탈 털리고 공격을 받았다. 그렇게 내 트윗을 집요하게 모아서 뿌리고 공격했던 이들은 지금 다 어디서 뭐 하고 사는지 모르겠지만, 이것 봐, 나는 아직도 시시껄렁한 트윗을 마구마구 올리는 트잉여인 것이다! 나의 승리라고. 하하하하하하. 유치하다고? 유치하라지. 내 트윗이 시시할수록 자랑스러운 마음이 커진다. 힘든 일을 겪고 비장해지는 것은 별로야. 난 시시껄렁한 트윗을 검열 없이 가볍게 올리는 내가 대견하다.

그러니 불안아, 이제 너는 나를 침잠시킬 만한 힘이 없는 것 같다. 내가 너를 잘 달래고 다스려보려고 해. 네가 나에게 주는 엄청난 동력과 뇌 활성화를 고맙게 생각해. 사실 덕분에 트위터로도 재밌게 놀고 중간중간 인터뷰에 필요한 글도 순식간에 썼지. 하지만 네가 계속 나를 쉬지 못하게 하는 건 힘들어. 난 잘할 것 같으니까 이제 너도 쉬어봐. 너무 불안해하지 않아도 된다고.

미워하는 마음으로 할 수 있는 건

내 마음고생은 내가 안다. 그래서 스스로를 위로할 줄 알
아야 하는가 보다(그걸 못하면 어디서 정확한 위로를 받
을 수 있을까). 나는 오늘 지치고 약해진 나를 다그쳐 몰
아세우기만 했으니 지금이라도 내가 아니면 할 수 없을
위로를 해보려고(그리고 받아보려고) 써본다.

전보 신청 기간이라 엊그제 학교에 다녀왔다. 네이
스(교육행정정보시스템)에서 전보 신청서를 작성해야
했는데 1층에 있는 교육지원실에서는 마땅한 자리와 컴
퓨터를 찾기가 어려워 친분이 있는 동료 교사의 교실을
빌려 써야 했다.

1년 사이 교육지원실의 분위기는 완전히 달라져 있
었다. 새로 부임한 학교가 혁신학교로 개교한 첫해, 우리
는 회의를 통해 교무실이라는 명칭을 교육지원실로 바
꿨다. 교사들이 늘 붐볐고, 그곳에서 학교의 크고 작은
일을 끝없이 논의했다. 개교 준비가 한창이던 2월, 나는
건물 공사가 덜 끝나 난방도 안 되고 어수선했던 지원실
한쪽에서 새로 오신 (그러니까 나보다 한두 달쯤 뒤에 발
령을 받은) 전입교사를 맞이하며 따뜻한 차를 대접하기
도 했다. 내가 왜 그날 거기서 그러고 있었는지 모르겠지

만 서먹한 분위기를 깨려고 이런저런 말을 건네던 기억이 난다.

개교 후에는 교실에서 학생들과 힘든 일이 있거나 지칠 때면 교육지원실에 종종 내려왔다. 학급에서 부적응 행동을 하는 학생과 함께 내려와서 차를 한잔 하고 가기도 했다. 가끔 점심시간에 커피를 마시러 오면 우리 반 학생들이 나를 따라 같이 들어왔다. 다른 학교였다면 상상할 수 없을 풍경이었다. 지원실의 동료들과 교감은 나를 따라 들어온 학생들에게 웃으며 인사를 건넸다. 아침 일찍 출근한 날은 지원실에 들렀다가 교실로 갔다. 아니다, 지원실을 들렀다 가려고 일찍 출근했던 것도 같다. 지원실에는 늘 과일과 빵과 떡 같은 간식거리가 있었다. 아침 결식 교사였던 나에게는 젖과 꿀이 흐르는 곳이었다. 아침에 배를 채우고 동료들과 이런저런 이야기를 나누고 교실로 올라가면 정신이 한결 맑아져서 학생들을 대할 때 활기가 생겼다.

이듬해 전입생이 학교 건물 수용 인원의 두 배 이상으로 늘어나 과밀 학교가 되었다. 이해할 수 없지만 신도시 학교에서 흔히 벌어지는 일이다. 교사들이 공들여 함께 만든 특별실들이 모두 일반 교실로 바뀌었고, 교실마다 마흔 명가량의 학생들이 꽉꽉 들어찼다. 운동장과 특별실이 부족해서 서로 갈등해야 했고, 급식실에서는 날마다 끝도 없이 긴 줄이 이어졌다.

혁신학교에 자원한 교사 외에 일반 전보로 발령이

난 교사들이 많아지면서 혁신학교의 방향성에 대한 반감과 이에 따른 긴장도 함께 커졌다. 그런 상황을 조율하기 위해 많은 사람들이 무던히 애를 썼다. 어찌 되었건 민주적인 토론의 장이 있으니 함께 논의하며 문제를 해결할 수 있을 거라고 서로를 믿고 격려했다. 그렇게 한 학기를 버텨낼 무렵 내 사건이 터졌을 것이다. 학교는 민원에 가장 취약했을 상황에서 조직적인 악성 민원 사태를 맞았다.

그것도 벌써 두 해 전의 일이다. 엊그제 내가 본 교육지원실은 예전 학교들의 흔한 교무실이었다. 한 방향으로 정렬된 책상에서 답답하고 숨 막히는 관료주의 냄새가 났다. 허탈했다.

작년 어느 날 동학년의 동료가 불쑥 이런 말을 했다(자세히는 모르지만 학교 내 작은 갈등에 휘말려 마음고생을 했던 것 같다). "이런 작은 갈등만으로도 마음이 부대끼고 힘든데 도대체 그 많은 갈등과 소란을 어떻게 견뎠어요?" 말은 안 했지만 속으로 생각했다. '어차피 상처는 가까운 사람에게서 받아요.' 온 세상이 나를 미워해도 그거야 다 얼굴 모르는 사람들일 뿐이다. 나는 끝까지 연대해줄 거라 믿었던 몇몇에 대한 믿음을 잃었을 때 가장 아팠다. 어느 선까지는 분명히 진심으로 애를 썼을 이들의 마음을 알고 있었지만 그냥 너무 아파서 그들의 모든 선택을 내 맘대로 왜곡하고 미워했다. 저마다의 사정과 서로 다른 우선순위, 지켜야 할 각자의 교실과 삶이 있었을 텐데 나는 그저 미워하고 원망하는 마음을 합리화하느라 너무 많은 벽을 만들어 쌓아 올린 것 같다.

작년에 복직해서도 내 속에 품은 미움과 원망을 방치하면서 아무 일도 없었던 것처럼 예전의 일상으로 돌아가기만 바랐다. 하지만 나는 상처받았고, 그 전으로 돌아갈 수 없고, 시간이 흐른다고 저절로 좋아지지도 않는다는 걸 이제는 안다. 미워하는 마음으로 할 수 있는 건 아무것도 없다는 것도.

그런데 그걸 이제야 깨달으면 어쩌라는 거야. 아니지, 깨달은 게 중요한 거야. 중요한 걸까. 그냥 덮고 시간을 가지면 되는 건 아닐까. 그랬으면 좋겠는데. 모르겠다. 어떻게 할지는 차차 길이 보이겠지. 보일 것이다.

녹화

여의도에 다녀왔다. KBS 〈시사직격〉에 나가서 『조선일
보』 정정보도 청구소송 이야기를 나눴다. 부담 없이 하
려고 했으나 스튜디오의 낯선 공간에 서니 긴장이 됐다.
무슨 말을 했는지도 모르겠고, 중간에 혼자 말하다가 잠
깐 욱했던 기억만 난다. 힘들었던 이야기를 들어주는 사
람이 있다는 것은 그런 것이다. 담담하게 시작했지만 어
느 순간 흥분해서 무언가를 열심히 말하게 되는 것이다.

　의상을 준비해준다고 해서 젠더리스한 옷을 부탁했
는데 중간에 의사전달이 안 되었는지 바지 정장이기는
한데 '여성적인' 라인이 꽉 잡힌 타이트한 옷이었다. 입
고 싶지 않았다. 집에서 편하게 입고 간 옷 위에 남자 출
연진의 재킷을 빌려다 걸쳐 입었다. 바지는 추리닝 같은
거였기 때문에 허리춤의 고무줄 끈이 안 보이게 배 안쪽
으로 집어넣어야 했다. 이 무슨 옹색한 짓인가. 이럴 줄
알았으면 이참에 잘 맞는 수트 한 벌 사서 멋지게 입고
나가는 거였는데. 아니다. 나는 그냥 원래 멋지다. 옷 같
은 건 상관없다(라고 쓰고 있지만 언제 또 TV에 나와 본
다고).

　정말로 정말로 하기 싫은 숙제를 끝낸 것 같은 기분

이다. 녹화일이 다가올수록 안 하고 싶고 도망가고 싶었다. 어제 오랜만에 예전 학교 동료와 통화하면서 괜히 출연하기로 했다고 푸념을 하니 "난 그 결정이 정말 멋지다고 생각하고 지지해"라고 했다. 나를 보면서 항상 많이 배우고 놀라웠다고, 인간이 참 아름답고 멋진 존재라는 걸 깨달았다고 했다. 글쎄 그게 벌써 10년 전이라서요, 선생님. 그때의 저는 날아다녔죠. 지금 보시면 너무 많이 바스러져서 놀라실 거예요, 라고 말하고 싶었지만 참았다. 진심으로 응원해주는 마음에 찬물을 끼얹고 싶지 않았기 때문이다.

그가 한참 나를 북돋아준 덕에 내가 "내일 잘할 수 있을 거 같아요!"라고 별안간 용기를 내고 의욕을 나타내자 이번엔 잘하지 말라고 신신당부를 했다. 잘할 필요 없다고, 왜 잘해야 하느냐고, 있는 그대로만 하라고 했다. 그걸로도 충분하다고 했다. 나는 오늘 그 말을 붙잡고 어깨에 힘을 뺐다.

이번 주 토요일 밤 10시에 방송이다. 분량이 얼마나 될지는 모르겠지만 제작진이 상당한 열의와 성실함으로 준비한 것만큼은 확실하다. 별일 없이 지나가리라 믿지만 방송이 나오면 당분간 블로그를 닫고 트위터도 비공개 계정으로 돌려놓을 예정이다. 사실 별일이 생긴다 해도 나는 이제 별로 두려울 게 없다. 이런 게 산전수전공중전이라는 것인가.

딱 하루치의 체력

방송이 나갔는데 다행히 후폭풍이 없다. 다시 말해 좌표가 찍히지 않은 것. 어디서건 욕할 사람은 욕을 하고 있겠지만 그건 어떤 사람들이 조직적으로 똘똘 뭉쳐서 한 사람을 괴롭히고 끝장을 내겠다고 우르르 몰려와 린치를 가하는 일과는 다르다. 욕 듣는 건 기분 좋은 일은 아니어도 무섭거나 두려워할 일이 아니다. 오래 알고 지낸 지인이 방송을 보고 문자를 보냈다.

"저렇게 큰일을 겪었는데 뭔지를 몰라서 힘들겠단 소리도 제대로 못하고 지났네."

한창 힘들 때 나는 내가 통과하고 있는 힘겨움을 가까운 사람들에게 설명하기 어려워서 좀 외로웠던 것 같다. 오히려 모르는 사람들에게서 더 큰 이해와 지지를 받으면서, (정작 페미니즘 이슈에 별로 관심이 없는) 오래 알고 지낸 지인들에게는 내가 겪은 일을 어디서부터 설명해야 할지 몰라서 대충 얼버무렸다. 이번 방송이 개인적으로는 그런 관계에서 중간 통역을 해준 셈이다. 별일 없었다고 하기엔 별일이었는데 그게 어떻게 별스러웠는지에 대해 쉽고 친절하게 답장을 했다.

"언니가 있어서 버텼어. (존재만으로) 계속 곁에서 힘을 줬어."

최근 몇 년 동안 주변 관계들을 다 놓고 살았다. 요즘은 그걸 하나씩 이어 붙이고 있는데 단절된 관계가 다시 흐를 때의 기쁨이 크다. 미안했다고 말을 걸어 오는 이들도 있다. 그때 더 힘이 되어주지 못해서 미안했다고. 그들이 그만 미안해했으면 좋겠다. 힘들 때 연락 못했던 게 미안하고, 미안해서 또 지금도 연락을 안 하고 있을 사람들이 그냥 편하게, 아무렇지도 않게 나한테 안부 전화를 걸어줬으면 좋겠다.

"힘들었던 시간이 다 자양분으로 만들어졌을 거라고 믿어."

지인의 이어지는 문자. 나는 다시 답장을 한다.

"다른 건 몰라도 내 몸을 보살피는 게 중요하다는 건 확실히 배웠지."

감당하기 어려운 일을 버텨내고 있으면 몸이 바로 망가진다는 걸 알았다. 몸이 상하고 나면 그 후로 얼마나 삶이 버거워지는지도 대차게 망가져본 후에 알았다. 이게 전부 사회적인 폭력의 결과라고만은 할 수 없다. 내가 스스로를 돌보지 않고 젊은 나이에 기대어 스스로를 마구 소진하기만 하면서 살아온 탓도 있으니까. 가끔 궁금했다. 그렇게 속성으로 몸이 무너지는 경험이 없었다면 나는 몇 년에 걸쳐서 무너졌을까. 그 전에 어떤 각성과 계기를 갖게 되긴 했을까.

가끔 드라마에서 늦은 밤까지 회식을 한다거나, 추격전을 벌인다거나, 일상생활의 루틴 이상의 일을 하는 장면이 나오면 갑자기 내가 다 피곤해져서 극에 몰입할수가 없다. 세상 사람들이 모두 나 같은 처지가 아니라는걸 알면서도 보는 것만으로도 지쳐버리는 때가 있다. 나는 딱 하루치의 체력으로 하루를 살아가는 하루체력살이다. 그 이상의 활동은 모두 사치이고 결국 끌어다 쓴체력 빚을 갚느라 다음 날 하루 종일 누워서 빌빌거려야하는 처지다. 많이 회복했는데도 아직 이렇다. 보이지 않는 감옥 같다는 생각을 한다.

나는 요즘 페미니스트, 교사, 양육자보다 그냥 '아픈사람'의 정체성이 더 큰 상태로 살아가는 것 같다. 이 상태를 통과하면서 나의 많은 부분들이 바뀌어가고 있다는 걸 느낀다. 아직도 잘 못하지만 내 몸의 말을 귀 기울여 듣고 그 속도에 맞추는 법을 배워가고 있는 것 같다. 궁금하다. 내년부터 시작되는 나의 사십대에는 잉여 체력을 가진 인간으로 살 수 있을 것인가! 당장 큰 욕심은없다. 일단은 아침에 눈 떠서 내 몸이 오늘을 버틸까 못버틸까를 걱정하지 않는 정도로만 딱 안정감 있게 올라갔으면 좋겠다.

아무튼 요즘처럼 내 몸의 감각을 중요하게 여기고몸을 돌본 적이 없다. 내가 얻은 가장 큰 자양분이다. 이렇게라면 점점 더 좋아질 수밖에 없을 테니 조급해할 필요가 없다. 이 모든 게 바로 그 조급함을 내려놓는 연습이기도 하고.

어떤 다정함

내 컨디션의 바로미터는 사랑니였다. 오른쪽 잇몸 깊숙한 곳에 치아 윗부분만 빼꼼하게 나와 있는 사랑니. 피곤하거나 조금 무리한다 싶으면 그 부근이 아파왔다. 음식을 씹지도 못할 정도로 아프다가 일주일 정도 지나면 슬슬 괜찮아졌다. 몸이 먼저 아픈 다음에 사랑니가 아프기도 하고, 사랑니 주변이 아파와서 몸에 무리가 왔구나 알아차리기도 했다.

한 달 전쯤에 큰맘 먹고 가까운 치과에 가서 사랑니를 뽑아달라고 했더니 의사가 아주 뽑기 어렵게 났다고, 어쩌면 한 시간 넘게 걸릴 수도 있고 망치로 깨서 빼야 할 수도 있다고 했다. 하지만 또 막상 해보면 쉽게 되는 경우도 있으니 선택을 하라고 했다. 의사 선생님이라면 어떻게 하겠느냐고 물어보자, 고통은 주관적이라 자기가 답을 내놓기 어렵다고 했다. 관리할 수 있는 통증이라면 사랑니를 안 뽑는 것도 방법이라고 했다. 당장 사랑니를 뽑는 것도 무섭고 싫었던 나는 '그래! 관리를 해야겠어!' 모호한 다짐을 하고 그냥 치과를 나왔다. 하지만 통증 관리를 어떻게 한단 말인가. 말했다시피 나는 피곤하면 사랑니가 아프고 내 몸은 수시로 피곤한걸.

얼마 전 무리를 한다 싶었는데 여지없이 사랑니 주변이 신호를 보내왔다. 나는 더 이상 참지 않기로 했다. 오래 걸리더라도, 고생을 하더라도, 매우 아프더라도 이번에는 반드시 뽑으리라 단단히 마음먹었다.

2년 전쯤 예전에 살던 동네에서 내 사랑니를 본 의사 선생님이 금방 뽑을 수 있으니 컨디션 좋을 때 오라고 했던 게 기억이 났다. 내가 갈 곳은 거기였다!

차를 타고 1시간 30분을 달려서 도착했다. 산 뚫고 물 건너 오래 운전을 해서 당도했지만 동네 치과에 들른 것 같은 익숙함. 이 동네에서 별이도 낳고 키우며 10여 년을 살았으니 정겹기도 하고 과거로 여행 온 듯한 기분도 들어서 잠시 감상에 젖고 싶었지만… 사랑니를 혀로 짚어보면서 바로 현실로 돌아왔다.

의사 선생님이 사랑니를 보더니 정말 "이건 금방 뺄 수 있어요"라고 말했다. 쇠망치(같이 생겼다) 3종 세트를 간호사님이 옆에 두고 가시니 의사 선생님이 "앗, 이건 아직 보면 안 되는데"라고 말하며 웃으셨다. 너무 무서웠다. 내가 무서워하는 걸 알아차린 선생님이 "너무 긴장하지 마세요. 내가 정말 안 아프게 빼줄 거예요"라고 했다. 나는 망치로 깨야 할 수도 있다고, 이건 아주 어려운 케이스라고 진지하게 말하던 의사의 얼굴이 생각났다. 지금 이 의사 선생님이 아주 뛰어난 강호의 실력자든가, 나를 안심시키려고 거짓말을 하는 것이든가 둘 중의 하나였다. 첫 번째이길 바랐다.

결론부터 말하자면 사랑니는 아주 쉽게 빠졌다. 의사 선생님은 주사만 아프다고, 이것만 참으면 된다고 주사를 놓으시며 연신 미안하다고 했다. 칼로 잇몸을 찢고 망치로 사랑니를 깨부수는 상상 속에서 따끔한 주사 같은 것은 나에게 큰 두려움이 되지 못했다(엄청 아프기는 했지만). 주사를 맞고 진통제를 복용한 후 잠시 기다렸다가 사랑니 적출이 시작되었는데 마취를 해서 무슨 일이 벌어지는지 느낄 수 없었지만 정말 순식간에 끝났다.

"아팠어요? 거봐요. 금방 뺐죠. 아주 잘했어요."

의사 선생님이 웃으며 말했다. 사실 내가 잘한 것은 아무것도 없었는데 계속 잘한다고 격려를 받다 보니 진짜 내가 뭘 잘한 것은 아닐까 잠시 의심스러워졌다.

"입을 벌려주세요. 아유, 너무 잘 벌렸어요."

"고개를 살짝 오른쪽으로 돌려주세요. 아이고 네네, 진짜 잘했어요."

"아프면 소리를 질러주세요. 네네 정말 잘했어요. 더 크게 질러도 돼요."

이렇게 쉽게 뺄 수도 있는 사랑니를, 망치를 써서 깨야 할지도 모른다고 겁을 주며 잘 생각해보라고 돌려보냈던 의사를 판단하거나 원망하지는 않으려고 한다. 다만 나는 내 사랑니를 빼준 의사 선생님을 향해 존경하는 마음을 품는다.

사랑니를 잘 뽑아서가 아니다(물론 그것도 중요하다). 사랑니 적출을 앞두고 긴장한 환자를 살피는 태도가 존경스러웠다. 의사 선생님이 치료를 하면서 내게 건네는 말들은, 내가 느끼는 두려움을 충분히 존중하면서도 자기 일에 대한 자신감이 바탕에 깔려 있어서 안도감과 신뢰를 줬다. 주사를 놓을 때는 자꾸 미안하다고 했는데, 사실 의사가 환자에게 필요한 주사를 놓으면서 미안해할 필요는 없는데 자꾸 미안하다고 하니까 환자 입장에서는 '아니 뭐 저한테 미안하실 것까지야 없지 않나요'라는 생각을 잠깐이라도 골똘히 하게 되는데 그사이에 주사가 다 끝나버리는 것이다. 혹시 이걸 노린 걸까(소름). 자기가 잘못해서 미안하다는 게 아니라 그냥 너무 아플 텐데 어쩌나, 이렇게 아픈 걸 내가 주고 있으니 어쩌나 하는 다정함의 표현 정도인 것 같다(이렇게 결론을 냈을 때 주사가 끝나 있었다).

어떤 직업이든 이런 종류의 다정함 뒤에는 자신감과 실력이 있는 것 같다. 교사도 그렇다. 학교와 교실이라는 터전에서 이런저런 일을 겪어내야 하는 학생들 곁에서 나는 다정한 교사이고 싶다. 실력을 갖추고 힘을 빼고 싶다. 학생들이 아파하면 그저 '미안한' 마음으로 곁에 있어주고 싶고, 작은 일도 크게 격려하느라 호들갑스럽고 싶다. 마취가 풀려간다. 너무 아프다. 진통제를 먹어야겠다.

길이 난 것이다

경기도교육연수원이 교사 자격연수 온라인 강의를 위해 미리 배포한 교재에 나에 대한 온갖 루머의 종합판 격인 원고가 실렸다. 페미니즘 교육에 대한 왜곡과 편견, 혐오를 부끄러움도 없이 노골적으로 드러낸 글이었다. 이걸 정정해보겠다고 거대 언론사와 2년을 싸워 승소를 하고 이를 증언한다고 용기 내 방송에까지 나갔건만, 그 먼 길을 돌고 돌아 내가 봐야 하는 것이 당시의 『조선일보』보다 더 신이 나서 지껄이는 이 따위 글이라니. 너무 가혹하지 않은가. 그것도 1급 정교사 자격연수라는 공인된 국가연수프로그램에서.

상황을 가장 먼저 인지하고 민원 대응을 한 것은 초등성평등연구회인 것으로 보인다. 피해 당사자인 내가 감정이 소진될 것을 막기 위해 고맙게도 초반에 물밑에서 최대한 상황을 바로잡으려고 애쓴 것 같았다. 그러나 쉽게 정정될 상황이 아니어서 어제 나에게 연락을 했는데 그때 나는 한가롭게 양수리를 산책하다가 동네 친구를 우연히 만나 같이 밥을 먹고 있었다. 아이가 등교를 해서 혼자만의 시간을 가질 수 있게 됐다며 내가 어찌나 해맑게 안부를 전했는지 연락을 주신 선생님은 차마 바로 상황을 전달하지 못하고 전화를 끊었다(어쩌면 내가 밥을 먹느라 내 말만 하고 끊었을 수도 있겠다).

맛있는 밥을 먹고 만족스럽게 집으로 향하는 길에 (내가 속한 단체인) 전교조 여성위 서울지부 채팅방에 해당 사안이 올라왔다. "대응을 해야겠는데요"라는 메시지와 함께. 상황을 인지하고 즉각 내 몸을 먼저 살폈다. 심장이 빨리 뛰거나 손이 떨리는지, 힘이 빠지는지 아니면 힘이 들어가 경직되는지. 심호흡을 했다. 해결할 수 있다고, 괜찮다고, 이제까지 겪어온 일에 비하면 작은 일이라고(이럴 때 버터플라이 허그를 하면 좋다. 양 손바닥을 교차하여 가슴을 토닥이는). 씩 웃어도 보고 큰 숨도 내쉬어보면서 불필요한 힘이 들어가 있으면 툭 털어내 보기도 하는 등 몸에 여러 가지 자극을 주고 반응을 봤는데 썩 괜찮은 것 같았다.

집에 와서 트위터를 켜고 상황을 공유했다. 그러니까 내가 할 수 있는 일은 이런 거다. 각자의 복잡한 삶 속에서 분투하는 어려운 사람들에게 그 어려운 시간을 잠깐 내어달라고 요청하는 일. 세상이 한 방에 바뀌면 좋겠지만 지금 할 수 있는 건 『타인에 대한 연민』에서 마사 누스바움이 한 말처럼 "완벽한 세상이 아니라 사소하고 일상적인 행동의 가능성을 믿는" 것뿐이다.

연대는 즉각적이었다. 초등성평등연구회에서 앞서 한차례 강력한 민원을 넣었고, 트위터로 상황이 공유되자 많은 사람들이 민원 인증 사진을 지지 메시지와 함께 보내왔다. 초등젠더교육연구회 '아웃박스'에서도 경기도 교육연수원의 진행 상황을 빠르게 파악해 연수 담당자 와 직접 소통한 내용을 전해주었다. 전교조 여성위 서울 지부에서는 즉시 경기도교육연수원장과의 면담 요청 및 시정 요구사항을 포함한 공문을 작성하고 면담 일시를 정했다. 이 모든 것이 주말 이틀 동안 일어난 일이었다.

지난 3년간 이름 모를 사람들에게 시달리는 한편, 가까운 사람들에게 실망할 수밖에 없는 일들을 겪으면 서 나는 내 안의 열기가 식어가는 걸 느꼈다. 마음 한편 이 서늘한 냉소로 잠식되는 것을 속수무책으로 지켜만 봤다. 내가 원하는 것은 냉소가 아닌데 예전의 내 모습으 로 찾아갈 길이 없어 무력감에 짓눌리기도 했다.

상당한 스트레스가 있었어도 이번 일은 그와는 다 르게 다가온다. 우리 사회의 성평등을 가로막는 수많은 걸림돌과 장벽들 사이에서 많은 교사들이 어떤 길을 만 들었다는 확신이 들었다. 연대는 우왕좌왕하거나 시간 이 오래 걸리지도 않았다. 각자 노련한 업무 담당자처럼 자기 할 일을 하면서 빠르게 연결되어 연대를 형성했다. 이를 바탕으로 연수원의 시정 조치가 반드시 뒤따르게 해야겠지만 설령 결과가 그에 못 미친다고 하더라도 이 미 이것만으로도 작은 승리라고 생각한다. 어떤 길이 난 것이다. 분명히 없던 길이었는데. 이번 연대의 '길'을 보 고 그 위를 걸으며 다행히 나는 희망을 선택할 수 있을 것 같은 안도감을 느낀다. 냉소로 점철된 삶으로 내 삶의 무게가 이동할 것 같지는 않다.

경기도교육연수원장에게 월요일인 내일 오전에 공문이 당도할 것이고 빠르면 다음 날 연수원장과 마주 앉아 시정 조치에 대해 논의할 것이다. 그 자리에는 단순히 나와 전교조 여성위 교사들만 있는 것이 아니라 보이지 않는 수많은 연대자들이 연결되어 자리하고 있다는 것을 기억하려고 한다. 그러면 해야 할 말을 더욱 힘 있게 할 수 있을 것이다. 이번 일로 연수원은 조금 나아질 것이다.

페미니즘 교육

나는 첫 학교에서 학생들을 남자와 여자로 가르는 관행을 의심 없이 받아들였다. 교사가 "남자 한 줄! 여자 한 줄!" 하고 외치면 학생들은 자신의 성에 '알맞은' 자리로 익숙하게 움직였다. 교실이나 복도 어디서든 볼 수 있는 흔한 광경이었다. 일상적으로 자신의 성별을 의식하고 두 가지 성 중 하나로 분류되는 일이 학생들의 성장과 배움에 어떤 영향을 미칠지 나를 포함해서 아무도 질문하지 않았다.

3학년 담임을 맡았을 때 만난 C는 자기 자리에서 해도 되는 발표를 굳이 교실 앞으로 뛰쳐나와서 하는 여학생이었다. 체육 시간에는 날쌔게 뛰어다녔고 음악 시간에는 땀이 나도록 몸을 들썩이며 노래를 불렀다. 목소리는 언제나 우리 반에서 가장 우렁찼다. 하지만 학년이 올라가면서 특유의 생동하던 에너지가 눈에 띄게 사라져 갔다. 그렇게 체육을 좋아했으면서 방과후 스포츠클럽에서는 보이지 않았다. 당시 학교 방과후 스포츠클럽이 전원 남학생이었던 걸 생각하면 의아해할 일도 아니었다(방과후학교 운동장 상황은 요즘이라고 다르지 않다. 나는 인터뷰에서 이토록 해묵은 운동장 문제를 이야기했다가 남초 커뮤니티에서 '운동장 여교사'로 불리게 되었다). 6학년이 된 C를 오랜만에 복도에서 마주쳤을 때 나는 그만의 '야생성'이 완전히 사라졌다는 걸 알았다.

같은 해, M은 C에 버금가는 우리 반 개구쟁이였다. 역시 우렁찬 목소리를 가진 M은 교실에서 한시도 조용히 있는 법이 없었다. 눈빛에는 장난기가 가득했고 눈치 없이 까불다가 모둠활동을 할 때는 친구들의 원성도 많이 샀다. 해가 몇 번 바뀌도록 M은 계속 M다웠다. 여전히 개구진 눈빛과 큰 목소리와 거칠 것 없는 몸짓으로 복도를 누비는 M과 나는 반갑게 인사를 나누곤 했다. 여전히 말과 행동을 주체하지 못해서 친구들의 타박을 종종 받는 것 같았고 그럼에도 타인을 의식하기보다는 자기 욕구에 충실한 3학년 때의 우당탕탕한 모습이 여전했다.

같은 지역 같은 시대를 살고 있지만 두 어린이를 향한 사회적 압력이 얼마나 달랐을지 나는 점차 깨달았다. 남 눈치 보지 않고 자기를 마음껏 드러냈던 C는 점점 자기 몸을 의식했고 외모에 신경을 썼다. 앞머리가 보기 좋은 모양으로 적당히 이마를 가리고 있는지, 다리가 너무 굵은 것은 아닌지, 팔뚝이 좀 더 가늘 순 없을지 등에 대해. '남자아이들은 으레 그렇다'는 보호막이 C에게는 없었을 것이기에 언제부턴가 C의 행동은 또래들 사이에서도 '나댄다'거나 '튄다'고 여겨지기도 쉬웠을 것이다. 세상은 실수와 잘못에 대해 C에게 M에게만큼 너그럽지 않았을 것이 분명하다. 일상의 자잘한 모든 일에서 그러했을 것이다. 여학생이니까 조금은 더 야무지고 얌전하겠지, 조금 더 '예쁘고' '아기자기'하겠지. C는 세상이 자신에게 무엇을 기대하는지, 미디어와 주변 환경으로부터 끊임없이 자신에게 도착하는 메시지가 무엇인지 알아챌 만큼 충분히 영리한 아이였다. 나를 포함한 대부분의 여성들이 그러했듯이.

페미니즘을 알게 된 후로 나는 일상과 교실을 꼼꼼하게 다시 뜯어보았다. 김승희의 시「세상에서 가장 무거운 싸움2」에서 말하는 '당연의 세계'와 '물론의 세계'가 부서지는 경험 속에서, 여성을 비롯한 사회적 약자를 향한 차별과 혐오의 반복된 역사를 공부하고 그것이 여전히 현실에 존재함을 깨닫는 일은 차라리 놀랍지 않았다. 내가 그 모든 일에 그렇게까지 무신경하고 무지한 채로 살았다는 사실을 깨닫는 일에 비하면. 그 깨달음마저도 나 혼자 했다기보다 시대가 한 일이었다. 공용화장실에 숨어 남자 여섯 명을 보내고 기다렸다가 여성이 들어오자 무참히 살해한 사건을 검경 및 언론에서 여느 때처럼 '묻지마살인'으로 명명하자, 수많은 여성들이 거리로 나와 피해자를 추모하며 '여성혐오범죄'에 대한 사회적 책임을 성토하게 된 시대였다. 미투운동의 물결이 일고 수많은 용기가 서로 교차하고 연결되는 시대이기도 했다. 나는 내 시대에 감사했다.

누구나 나 같지는 않았을 것이다. 시대를 거슬러 차별을 알아차리고 그것과 싸워온 여성들은 시간와 장소를 불문하고 어디든 있었다. 내가 모르고 살았을 뿐이다. 시대의 도움이 없었다면 나는 여전히 페미니즘을 유난스럽고 예민하며 나와는 동떨어진 과격한 무엇이라고 믿고 살았을지도 모른다. 알고 보니 페미니즘은 교육자로서 누구보다 나에게 필요한 관점이었다. 인간의 잠재력을 끌어내는 게 교육이라면 모든 교육자는 페미니스트여야 한다. 페미니스트라고 다 좋은 교사는 아니겠으나, 페미니스트가 아니면서 좋은 교사일 수는 없다고 생각한다.

같은 이야기를 하고 또 하는 게 지겨울 때가 있다. 언제쯤이면 우리 사회가 성차별에 절여진 유사뇌과학에서 놓여날까. 이제는 뇌에 성차가 있다는 주장 대신, 집요하게 성차를 강조하는 사회가 뇌에 끼치는 영향에 대해 이야기해야 할 때가 되지 않았나. 집단 간의 차이보다 개인 간의 차이가 언제나 더 크고 중요한 변수라는 것이 그렇게까지 어려운 개념인가. 적어도 교육자라면 한 명의 어린이를 성별로 단정하고 판단하기 전에 어린이가 태어나서 경험하는 성차별적인 환경과 사회문화적 조건을 조금이라도 더 진지하게 바라봐야 하는 것 아닌가.

하지만 언제나 질문은 다시 나에게 돌아온다. 내가 비로소 이 같은 질문을 하게 된 때가 교직 10년 차였다.

'남자 여자 두 줄 세우기'를 당연하게 따른 기간이 무려 10년이다. 교실 자리 배치는 꼭 남자 여자 짝을 이루게 했다. 어떻게 그럴 수가 있었을까(나는 이런 자리 배치에 대해 학생들로부터 지적을 받았다. 내가 했던 페미니즘 교육의 결과였으므로 기쁘게 받아들이는 한편, 동시에 몹시 부끄러웠다).

그럴 수 있다. 그렇게 보고 배웠기 때문이다. 다시 말하자면 보고 배운 게 그것밖에 없었기 때문이다. 성차별과 편견에서 자유롭게 자란 사람은 우리 중 아무도 없다. 법과 제도의 평등이 편견과 차별 없는 사회를 보장하는 것은 아니다. 시간이 지난다고 저절로 바뀌는 것도 아니다. '원래 그렇다'는 것들을 의심하고 낯설게 보고 다시 보고 질문해야 보인다. 그래야 바뀐다. 아주 느리게 하나씩 하나씩.

인내심을 가지고 계속 같은 말을 할 수밖에. 다른 길은 없다. 내 앞의 여성들은 투표할 권리를 위해, 교육을 받기 위해, 호주제를 폐지하기 위해 그렇게 했다. 이제 이 문제는 충분히 말한 것 같으니 이제 다른 이야기를 하자고 혼자 선택할 수는 없다. 될 때까지 하는 것이다.

성별 이분법에 대한 이야기는 나의 다음의 다음, 혹은 다다음의 다다음 세대는 되어야 다음 장으로 겨우 넘어갈 수 있지 않을까. 시대가 필요로 하는 만큼 나는 말하고 또 말할 것이다. 그게 시대에 빚진 내가, 좀 더 나은 시대를 위해 할 수 있는 일이라고 생각한다.

트라우마 트리거

어제는 정신과 상담일이었다. 나는 의사 앞에서 이렇게 말할 생각이었다. "부침이 있지만 그래도 꾸준한 회복세가 느껴져요." 그러면 오랫동안 나를 봐온 정신과 주치의가 기뻐하고 이렇게 말했을 것이다. "아주 잘하고 계세요. 너무 좋은데요." 늘 받던 약을 타 오거나 아니면 약을 좀 줄일 수도 있었을 것이다.

며칠 만에 상황이 바뀌어서 그렇게 말할 수 없게 되었다. 경기도교육연수원에 연수 교재에 대해 항의 공문을 보낸 후 바로 면담 일정이 잡혔다. 오전에 정신과 상담을 마친 후에 면담 장소로 가면 시간이 얼추 맞았다. 바람이 많이 불고 갑작스레 추워진 날씨에 몸을 일으키고 움직여서 서울 여기저기에 있어야 한다고 생각하니 모든 게 다 귀찮아서 울고 싶어졌다.

"트라우마 트리거링으로 보이네요."
며칠 사이 벌어진 일과 내 상태를 듣고 의사가 말했다.
이번 일은 2017년 사건과 매우 유사했지만 상황은 많이 달랐다. 이미 많은 교사와 시민들이 연대할 준비가 되어 있었고 전교조 서울지부에서도 즉각 대응을 한 덕분에 바로 연수원장과 면담 일정이 잡혔으며, 나도 크게 동요하지 않고 객관적으로 상황을 바라보고 판단할 수 있었다. 사회도 전교조 조직도 나도 학습한 것이다.

그런데 몸은 그런 식으로 학습하는 게 아닌가 보다. 몸은 다 기억하고 있어서 모든 걸 한순간에 불러냈다. 생존을 위해 비상 버튼을 누르고 전투 모드로 돌입한 것이다. 목부터 어깨를 타고 허리까지 몸이 점점 빳빳하게 굳어버려서 파스를 덕지덕지 붙이고서 나아지길 기다렸지만 과하게 각성된 상태에서 벗어날 수가 없었다. 산책을 하고 몸을 움직여도 영 풀리지 않았다. 수면약도 듣지 않아 이틀 동안 밤을 새우다시피 했다. 괜찮다고 괜찮다고 아무리 말해 봐야 몸은 그런 말에 넘어가지 않는다. (의사의 권유대로) 몸이 알아들을 수 있는 방법으로 전달해야 한다. 마사지를 받거나 반신욕을 하거나 차분히 요가를 하는 등 노력하면 다시 금세 좋아질 거라는 걸 알지만 화가 나는 것은 어쩔 수 없다.

면담 내용은 다음과 같다(연수원장은 행정감사가 있다고 하여 오지 않았고 연수기획부장과 연구사 두 사람이 나왔다. 전교조 여성위 서울지부 선생님 세 분과 전교조 서울지부 사무총장이 동석했다). 경기도교육연수원에서는 배포된 연수 교재를 전량 회수하여 폐기하기로 했고, 연수생 전원에게 원고 내용을 정정하여 알리고 사과하기로 했다. 이번 일로 연수 일정이 전면 연기되었다고 했다. 자격 미달 강사를 선정하게 된 경위, 문제 있는 원고가 검토 없이 연수 교재에 실리고 배포까지 된 경위를 묻고 개선 방안을 요구했다. 한 연구사가 열심히 설명을 했는데 마치 그 설명을 이해하면 이 문제를 이해할 수 있을 거라는 듯한 태도였고 나는 그 태도야말로 가장 이해할 수 없다고 생각했다. 그가 설명한 내용은 쉽게 말해 두 가지이다. 첫째, 다양한 콘텐츠를 위해 '한국교육연수원'에 외주를 주었더니 그렇게 되었다. 둘째, 한국교육학술정보원(KERIS) 심사가 끝난 연수였기 때문에 문제가 없을 거라고 생각했다.

기실 연수 과정과 내용을 성인지적 관점에서 걸러내는 시스템이 전혀 없다는 고백과 같다. 심지어 해당 강사의 이름과 소속마저도 파악이 안 되어 있었다. 다행인 것은 문제를 심각하게 인지하고 사과를 했으며 적극적인 후속 조치를 위해 노력하겠다는 의지를 보여주었다는 것인데, 그건 두고 봐야 한다. 일단은 개선 방안을 요구했고 회신을 받기로 했다.

해당 강사는 물론이고 한국교육연수원(도대체 여기가 뭐 하는 곳인지 알아야겠다)과 경기도교육연수원을 상대로 소송까지도 고려하고 있다. 어렵고 힘들겠지만, 처음이 어렵지 이미 다 싸워서 이긴 싸움을 가지고 하는 재판인데 처음처럼 힘들지는 않을 것이다. 그만큼은 더 버텨볼 의향이 있다. 쉽게 뭉개고 지나갈 수 없게 할 것이다. 엄청난 대의를 가지고 이러는 것은 아니다. 그렇게 해야 나도 치료가 된다. 어렵게 얻은 교훈이다.

분투

우울증을 앓으면서 책을 읽지 못하는 게 가장 힘들었다. 문장이 그냥 흩어져버려서 뜻을 이해할 수가 없었다. 짧은 글도 힘들어서 읽은 문장을 또 읽고 또 읽고 하다가 포기했다. 그러다 한두 달 전부터 책이 읽혔다. 문장과 문단을 넘어 무려 책장을 넘기고 있었다. 자연스럽게 책을 읽는 것 같았지만 내가 정말 이걸 하나 싶어서 책을 읽는 나를 계속 관찰했다. 예전의 읽기를 빠른 걷기에 비유한다면 지금은 재활치료 중 걷기다. 속도도 느리고 읽었던 문장으로 돌아가 다시 읽고 또 읽어야 했다. 야트막한 언덕을 높고 험한 산 오르듯 넘었다. 몇 걸음 올랐다가 잠깐 쉬고 다시 일어나 걷듯, 문장들 사이에서 숨을 골랐다. 답답하지만 책을 덮어버리고 싶은 마음이 아니라서 나에게는 그게 너무 희망찼다. 회복의 결정적인 증거라고 생각했다.

교육연수원 일이 있고서 나는 내가 그렇게 선전하고 있었다는 것도 잊고 넷플릭스와 잠에 빠져들었다. 한번 망가진 루틴을 되돌리기란 중력을 거스르는 것처럼 힘들었고 왜 부서지긴 쉬운데 재건하는 건 이다지도 어려울까 한탄했다.

그리고 열흘이 지났다. 넷플릭스 드라마를 밤낮으로 보다가 눈이 건조해져서 안약을 넣고 그렇게 시간을 다 보내는 것 같았던 나는, 사실 보이지 않는 마음의 영역에서 굉장히 분투하고 있었다. 오늘 산책 중에 알았다. 그냥 그렇다는 걸 알 수 있었다.

어제 책을 다시 집어 들었는데 이번에는 그냥 쓱쓱 읽혔다. 도대체 이렇게 나를 회복하게 하는 원동력이 뭘까. 왜 그냥 다 놓아버리고 대충 살고 싶어 하지 않는 걸까. 안구 건조도 심한데 책은 왜 읽고 싶은 걸까. 책을 읽을 수 있다는 게 뭐 그렇게까지 기쁠 일인가. 이런 글은 왜 쓰고 있는 걸까. 분명 지쳐가는 한편, 어딘가에서는 힘이 솟아오른다. 그게 뭘까 궁금하고 무서웠다.

가끔 거울을 보면 내 얼굴이 좋아 보인다. 사실은 너무 잘하고 있어서 어지러울 정도다.

온라인 서점에서 책을 30만 원어치나 주문했다. 일단 뭐가 읽히니, 읽어보겠다. 아, 보다 만 미드도 마저 봐야 한다. 하필 시즌이 여덟 개나 있는 걸 골랐다. 먼저 안구 찜질부터 해야겠다.

오늘의 이 작은 손길이

오늘 아침, 주말인데 딱히 주말이 되었다는 느낌은 오지 않았다. 코로나로 주 2회 등교로 바뀌면서 별이가 계속 집에 있다. 먼저 일어난 별이는 소꿉놀이를 하고 있다가 부스스하게 눈을 뜨고 방을 나온 나를 온 마음을 다해 반갑게 맞이한다.

"엄마 잘 잤어? 좋은 꿈 꿨어? 소꿉놀이하자!"

거부할 수 없다. 주섬주섬 곁으로 가서 쭈그리고 앉아 별이가 만들어준 장난감 요리를 와구와구 먹는 시늉을 하다가 머리가 어지러워져서 잠깐 누웠다.

"그래, 엄마 아픈 사람 해!"

"근데 사실은…. 나 진짜로 아파."

얼마 전부터 감기 기운이 덮쳤다.

"그래 그럼 엄마 거기 누워! 진짜 아프니까 내가 잘 보살펴줄게."

소꿉놀이할 때 별이가 나를 이렇게 눕게 해주는 건 드문 일이다. 거기서부터 오늘 감동의 시작이었다. 이후로 끝이 없게 이어졌으니까.

장난감 음식들로 상을 차리던 별이 머리 위에 느낌표가 띵 하고 뜨는 것 같더니 갑자기 냉장고로 달려갔다.

"진짜로 먹을 걸 줘야겠어, 뭐가 좋을까?"

냉장고를 한참 뒤적이던 별이가 락앤락 통에 담긴 청포도를 들고 왔다. 먹으려고 뚜껑을 열었는데 몇 개가 썩어 있었다.

"곰팡이가 퍼졌을 테니 나머지도 다시 씻어야겠는데?"

내가 끙 하고 무거운 몸을 일으키려는데 별이가 막았다.

"내가 씻을게! 엄마는 누워 있어."

별이는 싱크대 하부 수납장에서 채반을 꺼내더니 그 위에 포도를 붓고 물을 틀었다. 별이가 굉장히 빨리 씻어 온 포도를 보면서 내가 다시 제대로 씻고 싶다는 생각이 들었지만 꾹 참고 별이가 직접 입으로 넣어주는 포도알을 받아 먹었다. 그리고 다시 누웠다. 별이는 "베개가 없구나!" 하더니 베개를, 내가 좀 춥다 했더니 내 방 침대에서 이불을 질질 끌고 나왔다. 좀 과한 간호라고도 할 수 있었다. 이를테면 나는 똑바로 누워 있었는데 자꾸 포도알을 입에 넣어주어서 포도알을 삼키기 위해 계속 다시 일어나야 했다. 혹은 내가 자리를 옮길 때 별이는 자기 등에 기대라고 했고 별이 등에 기대고 걸으려면 허리를 숙여야 해서 허리가 많이 아팠다. 하지만 별이는 자기가 나를 업어주면 내가 편할 거라고 굳게 믿고 있었고 나는 그걸 깨고 싶지 않았다.

다시, 별이 머리 위에 느낌표가 띵 하고 뜨더니 식탁으로 가서 유산균 약과 비타민 약을 하나씩 챙겨 와 내 입에 넣어주었다. 별이는 아침 내내 바빴다. 그렇게 나에게 필요한 걸 주는 사이사이 "사랑해 엄마", "아프지 마 엄마", "엄마가 너무 소중해", "빨리 나아, 내가 보살펴줄게"라고 말하며 나를 꼭 안아주었다. "열이 없나…?" 하면서 내 이마를 짚어보기도 하고 내 어깨나 등을 토닥토닥해주고 가기도 했다. 중간에 가루약을 물에 타서 먹었는데 내가 너무 쓰다고 하자, 별이가 내 등을 토닥이면서 말했다.

"엄마가 즐거웠던 일을 상상해봐. 그럼 쓴맛이 사라져."

약이 써서 찌푸려진 내 얼굴 표정을 따라 같이 찌푸린 얼굴을 하고서 별이는 진지하게 알려줬다.

"놀이터에서 너랑 총알 줍고 그네로 브롤스타즈 놀이 했던 거 생각하고 있어! 그때 즐거웠거든."

"오, 그래 그거 재밌었지. 나도 생각난다. 어때, 이제 안 쓰지. 이렇게 상상을 하면 된다니까. 나도 그렇게 하거든."

약은 여전히 썼지만 마음이 달달해졌다. 별이가 약을 먹었던 컵을 싱크대로 가져가 설거지를 하고 다시 왔다.

"엄마 괜찮아? 지금은 어때?"

별이가 동그란 두 눈을 내 눈 가까이에 대고 물었다.

"네가 잘 돌봐줘서 좋아지고 있어"라고 말하자 별이

는 너무 행복하게 씩 웃었다.

"엄마 아프니까 내가 책 읽어줄게."

별이는 책장에서 『개와 고양이』라는 책을 꺼내 와서는 누워 있는 내 머리맡에서 실감 나게 읽기 시작했다. 나는 별이가 눈치를 못 채게 휴대폰 음성메모 어플을 켜고 녹음을 했다. 언제 다시 듣게 될지는 모르겠지만.

두통과 몸살에 시달리면서도 별이가 가져다준 이불을 덮고, 별이가 가져다준 약을 먹고, 별이가 괜찮냐고 물으며 나를 꼬옥 안아줬을 때 내가 얼마나 안락하고 포근했는지 이 녹음 파일을 재생하면 다시 느낄 수 있을 것이다. 녹음한 별이 음성을 들을 때마다 선명하게 기억나겠지. 요즘은 대부분이 지치고 피곤한 날들이지만 이렇게 다정하고 빛나는 위로의 순간들도 있다는 걸 잊지 않고 싶다.

난 오늘 극진한 보살핌을 받았다. 앞으로 이렇게 따뜻하고 포근하고 미소가 나오는 간호를 받을 기회는 드물 것이다. 나중에 나이가 많이 들어 또 다른 이의 손길에 진짜로 의지해야 할 날이 올 수도 있겠지. 그때가 오면 나는 오늘의 이 작은 손길을 떠올리게 될 것 같다. 아마도 많이 그립겠지. 그리울 것이다.

녹음해놓길 잘했어.

감당할 수 있는 작은 불행

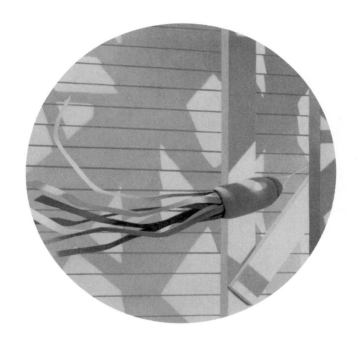

3부

생각과 기억

몸의 경직이 다시 시작되었다. 한동안 잘 관리되고 있다고 생각했던 통증과 결림이 심해졌다. 학교에 복직하려면 진단서가 필요해서 어제 마포에 있는 정신과의원에 다녀왔다. 양수리에서 마포는 지하철을 타고 그대로 쭉 1시간 30분을 달리면 도착한다. 버스로는 그보다 1시간이 더 걸리지만 강변 도로의 풍경이 아름다워서 여유가 있을 땐 버스를 탄다. 어제는 버스를 탔다.

뒤쪽 창가에 자리를 잡고 강가를 바라볼 준비를 하고 오디오북을 틀었다. 버스 의자는 얼마나 많은 사람들의 무게를 견뎌왔는지 엉덩이 쪽이 푹 꺼져 있다. 나는 이리저리 편안한 자세를 잡아본다. 그런데 안 된다. 몸에 힘을 빼는 게 안 된다. 양쪽 어깨에 힘이 잔뜩 들어가 있는 게 느껴진다. 왼쪽 등허리가 가만히 있기 힘들 정도로 당겨온다. 오디오북에 좀 더 집중해보지만 내 몸이 그래서인지 책 내용이 별로여서인지 아니면 둘 다인지 짜증만 난다. 성우가 성인 여자 주인공 목소리를 어린아이처럼 낸다. 거슬린다. 오디오북을 끄고 음악을 틀었지만 귀에 들어오지 않는다. 음악을 끄고 팟캐스트 어플을 켜 주의를 돌릴 만한 방송을 찾아본다. 찾는 동안에도 계속 의식하고 있다. 불편한 몸. 어딘가 경직되어 시간과 함께 흐르지 못하는 몸.

그사이 내 몸의 자세는 엉망이었다. 몸이 불편할 때 불편함을 당장 조금이라도 잊게 해주는 아주 나쁜 자세를 하고 있었다. 그 상태로 팟캐스트를 뒤적였다. 마음 어딘가에서 몸을 살피라는 외침이 들려오는 것 같았는데 무시하고 스마트폰 위에서 손가락을 바쁘게 움직였고 방송을 세 개나 바꿔가며 들었지만 하나도 귀에 들어오는 게 없어서 결국 껐다. 그리고 중간에 내렸다. 이런 상태라면 차라리 빨리라도 가는 지하철이 나을 것이다.

당장 관심과 감각을 사로잡을 어떤 것을 찾아 나섰다. 그게 내가 내 괴로움을 대하는 패턴이었다. 집에서는 넷플릭스, 왓차가 도와주었다. 집중해서 볼 시간은 별이가 학교에 가 있는 시간뿐이니까 그사이에 많이 보려고 밥도 제대로 안 먹고 봤다. 운동하는 시간까지 줄이면서 봤다.

어떤 것에 내 감각을 내주지 않으면 벌어지는 일들이 대체 뭔가 생각해보면 바로 과거를 돌아다니는 일이다. 현재에 머물지 못하고 현재의 몸과 마음 상태를 내버려둔 채로 나는 계속 과거에 있다. 마흔이 되어가니 과거의 기억이 풍성하다고 해야 할까. 도착할 공간과 시간이 많다. 중고등학교 시절, 교대 교정의 어딘가, 어느 해 내 생일, 좋아했던 사람들의 말과 표정, 여행지, 성추행당했던 일들, 옛날 집, 입원했던 병원 풍경, 수년 전에 근무하던 학교의 운동장, 교장이랑 울면서 싸우던 교장실, 아이들과의 대화, 위례별초등학교…. 곱씹어 오래 생각하는 것도 아니고 어떤 일들에 대해 자책하거나 후회하는 것도 아니다. 아주 옛날부터 최근까지의 기억들이 맥락과 논리가 전혀 없이 갑자기 번쩍 하고 떠올랐다가 갑자기 또 사라진다. 끝이 없다.

다른 사람들의 일상도 이런 과거의 생각과 기억들로 꽉 차 있는지 궁금하다. 내가 유난히 생각으로 가득 찬 사람일 수도 있지만, 우울증이 오기 전에는 이렇게까지 기억과 생각이 과거로만 흐르지는 않았다. 재미있는 상상을 하거나 무언가를 꿈꾸기도 하고, 하는 일의 비전을 세워보기도 하고, 당장은 오늘 뭐 먹을지를 공들여 고민하는 일도 했다.

요즘은 문득 내가 숨을 멈추고 있다는 걸 깨닫고 큰 숨을 몰아서 내쉰다. 숨을 제대로 안 쉬니까, 호흡을 자연스럽게 못하고 있으니까 몸이 굳는 건 당연하다. 그간 틈틈이 몸을 움직이고 힘을 빼줘서 한동안 괜찮아져가고 있었다. 그러다 어느 순간 이렇게 된다. 계속 되돌아온다. 다시 조금 찾아가는 것 같다가도 다시 뒷걸음.

이제는 이런저런 일을 겪기 전에 내가 살았던 삶이 어땠는지, 정말 그때는 괜찮았던 건지 확신이 안 선다. 그러다가도 번쩍 어느 순간이 떠올랐다가 사라지는데, 내가 별거 아닌 것에 즐거워하고 고마움을 느끼고 유쾌해했던 어느 날의 짧은 기억이다. 지금의 나는 그때의 나와 얼마큼 멀어진 걸까. 나는 나로 되돌아갈 수 있을까. 되돌아갈 만한 내가 남아 있기는 할까. 되돌아갈 길도 없고 새로 걸어나갈 길도 안 보이는 어떤 상태에 갇혀 있는 것 같다. 용량이 완전히 다 차버린 컴퓨터처럼 다른 일을 하지 못하고 같은 자리에서 윙윙 시끄러운 소리만 내고 서 있다.

돌베개출판사에서 『치유 일기: 무너진 삶을 다시 세우는 9년의 이야기』를 보내주었다. 순식간에 읽었다. 이렇게 책을 빨리 읽은 것은 3년 만에 처음이다. 시작부터 끝까지가 내 이야기 같아서였다. 그동안 책을 읽을 수 없었던 것은 당장 내 몸과 마음이 무너져 있는데 사회과학이나 교양, 과학지식 따위의 책을 읽으려고 했기 때문이다. 나는 당장 아프면서도 늘 그런 책들을 읽고 싶어 했다. 지적인 허영과 욕구를 내려놓는 게 어려웠다. 그런데 지금 나에게는 힘든 시간을 버텨낸 사람들의 일기장을 들춰보는 일이 깜깜한 내 일상에 필요한 등불이라는 걸 알겠다(기꺼이 들춰볼 수 있게 책을 내주는 이들에게 감사하다). 내가 유난한 게 아니라, 마음의 고통을 겪는 사람들과 그럼에도 조금이라도 나아지려고 갖은 애를 쓰고 사는 사람들이 많다는 것을 보고 위로받는 일이 나에게 무엇보다 필요했다는 것을.

일단, 오늘

글쓰기를 신비화하고 싶지 않은데 이건 인정해야겠다. 글로 정리하면 확실히 더 나아진다. 문제를 뒤에 놓고 앞으로 나아갈 약간의 힘이 생긴다. 지난 글에서 몸의 경직과 과거를 떠도는 나의 현재에 대해 이런저런 말을 늘어놓고 노트북을 덮은 이후로, 몸이 부드러워지고 과거의 기억에서도 한결 자유로워지는 걸 느꼈다. 어차피 좋아질 참이었는데 때마침 글을 쓴 것인지, 글을 써서 좋아진 것인지 확신하긴 어렵다. 그냥 좋아졌다 나빠졌다를 반복하는 게 요즘 내 일인지도 모른다.

방금 전, 자려고 침대에 앉았다가 오늘 시덥잖게라도 내가 한 일을 적고 싶어서 다시 일어났다. 별일은 없었다. 아침에 별이를 깨우고 식빵을 구워서 같이 먹고 학교 가는 길을 동행해주었다. 학교가 멀찍이 보일 때 별이와 헤어졌다. 나는 별이가 아쉬워하면서 좀 더 같이 걷고 싶어 할 줄 알았는데, 내가 여기서 헤어질까 하고 물으니 기다렸다는 듯이 "그래 그럼, 안녕 엄마!" 하고 인사를 했다. 호기롭게 나를 뒤로하고 걸어간 것과는 달리 서너 걸음쯤 걷다가 멈춰 자꾸 뒤를 돌아봤다. 웃는 모습이 멀리서도 보이는 것 같다. 별이가 아주 작아질 때까지 손을 흔들다가 나는 혼자 산책을 시작했다.

　가볍게 걷고 집에 돌아갈 생각이었는데 걷다 보니 양수리의 경계를 넘어 있었다. 남양주였다. '물의 정원' 근처 억새 사이를 걷다가 햇볕이 좋은 벤치에 앉았을 때 갑자기 오늘 아침에 별이가 작아진 청바지에 겨우 다리를 끼워 넣던 게 생각이 났다. 팔도 길어졌는지 티셔츠도 깡뚱했다. 나는 풍경이 좋은 곳에 앉아 생뚱맞게도 인터넷 쇼핑을 하기 시작했다. 대충 무난한 옷들로 골라 담고 일어서려고 했지만 아이들 옷을 구경하는 재미와 가격과 품질을 비교하는 일에 다소 몰입되어 찬바람에 손발이 시릴 때까지 앉아 있었다. 기모 티셔츠 세 벌, 기모 바지 세 벌을 샀고 다시 되돌아 걸을 길이 아득하게 느껴져 오는 길엔 버스를 탔다. 걸음으로는 7,500걸음이었다. 거기에 아이 옷 사기 노동까지 했으니 오늘 할 일은 다 했다 싶다.

　집으로 돌아와 있는 반찬에 밥을 대강 차려 먹고, 식물을 좀 둘러보고 나서는 우쿨렐레를 연습했다. 친구가 어느 날 〈블랙버드〉 노래 영상을 보내주면서 내가 우쿨렐레로 연주하면서 부르면 어울릴 거라고 했다. 악보를 찾아서 그날부터 연습을 하고 있다. 친구한테 들려주려고. 우쿨렐레를 연습하면서 친구를 떠올릴 수 있어서 좋다. 연습을 마치고 그 친구한테 시시껄렁한 문자를 하나 보냈다.

오늘도 동거인이 나가서 별이를 데려왔다. 별이를 보니 반갑고 기뻤지만, 오늘 학교에서 온 긴급 공지에 따르면 내일부터 전면 온라인 수업이다. 아침에 헤어지고 저녁에 반갑게 맞이하는 오늘의 이 순간은 한동안 다시 안 올 것이다.

별이는 샤워를 하고 싶지 않다고 했고 나는 해야 한다고 했다. 그러자 자기 혼자 해보겠다고 한다. 좋아! 그러렴. 물 트는 소리가 나더니 한참 있다가 별이가 제대로 안 닦아 물방울이 방울방울 맺힌 몸으로 침대로 뛰어간다. 그러면 안 되지. 네가 감기 걸리면 고생하는 사람이 누구냐. 바로 나다. 나는 수건을 들고 별이를 쫓아갔다.

별이가 저녁을 먹고 (아마 하루 중 가장 행복할) 게임 시간을 가질 동안 나는 옆에 누워 책을 봤다. 15분쯤 봤을까. 어깨가 결려서 관두고 요가를 시작했다. 낮에 우쿨렐레를 연습하다가 멈춘 것도 어깨 때문이었다. 뭘 좀 하려고 하면 몸이 불편한 신호를 보내서 집중하기가 어렵다. 이젠 이런 상태를 순순히 받아들이고 하던 걸 바로 내려놓는다. 몸이 불편한 신호를 보내는데 무작정 참고 버티지 않는다.

몸을 가볍게 풀고 요가를 본격적으로 해보려는데 게임 시간을 다 쓴 별이가 나를 덮쳤다! 내가 천장을 보고 누워 있으면 내 배 위에 앉고 내가 엎드려 있으면 허리에 앉는다. 얼마 전에 내 방 배치를 바꿨더니 요가를 할 공간이 더 줄어들었다. 거기에 별이가 자꾸 같이 움직이니 그 좁은 공간에서 둘이 북적거리고 있는 상황에 웃음이 나온다. 내가 웃으면 별이도 같이 웃는다. 넌 내 속도 모르고!

별이를 재워야겠다고 생각했다. 책 읽어주기를 건너뛰고 싶은 간절한 내 마음은 별이가 책 읽는 소리를 듣고 싶은 간절함을 이길 수 없었다. 오늘의 책은 『자꾸 마음이 끌린다면』이었다. 그냥 대충 집었는데 성교육 책이다. 별이는 음경이 음순 사이로 들어가서 태아가 만들어진다는 이야기에는 이제 완전히 무감해졌다. 오늘은 그림에서 사소한 재미를 찾고 키득키득 같이 웃으며 책장을 넘겼다.

"잘 자" 인사를 하고 나왔지만 별이 방 불은 한참 동안 꺼지지 않았다. 혼자 자려고 애쓰다가 별이는 내 방과 동거인 방을 오가며 말을 걸어왔다. 나는 더 이상 힘이 남아 있지 않아서 동거인에게 모두 맡기고 내 방으로 들어왔다(별이는 결국 아빠랑 자는 것 같다). 이게 오늘 내 하루다.

요즘은 복직하고 싶다는 생각을 가끔, 아주 가끔 한다. 도대체 정신질환의 끝이 오기는 오는 것인지, 온다면 어떻게 그걸 알 수 있는 것인지 궁금했는데 이제 알겠다. 이렇게 온다. 일을 하고 싶은 마음이 (가끔) 드는 것으로 오는 것이다. 스스로도 믿기지 않지만 그냥 다가올 일들을 마냥 피하고 싶다거나 해야 할 일들이 막막하다거나 그렇지 않은 정도까지 온 것이다. 다만 요즘은 코로나로 점점 어려워지는 사람들의 소식에 마음이 편하지가 않다. 경제적인 기반이 무너지는 사람들, 돌봄 비상 상황에서 의지할 곳 없는 보호자들. 나도 답답하고 힘들기야 하지만 상대적으로 안정적인 상황에서 내가 누리는 사소한 즐거움과 아늑함이 문득 죄스럽다.

어떻게 살아야 할까. 보통 잘 모르고 살았지만 이번엔 정말 모르겠다. 내가 투신할 만한 어떤 선명한 싸움의 전선이 있다고 믿었는데 인간들은 너무나도 다양한 이유로 고통을 받고 또 준다.

내가 서 있는 곳이 어딘지 잘 모르겠는 와중에도 하루하루 좋아지고는 있다니 그건 다행이다. 차차 알아가겠지. 힘이 생기면 보이는 것들이 더 있을 것이다. 일단 오늘은 이만큼으로도 충분하다고 여길 수 있는 마음이어야겠다.

교사의 권력을 내려놓는 것에 대해

아무리 생각해도 그건 너무 쉽다. 쉽고 간편하다. 교사가 권력을 내려놓으면 될 것처럼 말하는 것. 어린이를 믿고 맡기면 선한 방향으로 잘 해결될 거라고 말하는 것. 어린이를 존중하는 것이 모든 문제의 해결책이라는 듯이 말하는 것. 아니다. 그것은 모든 문제의 밑바탕이자 출발점일 뿐이다.

존중과 시혜를 구별하는 일이 중요하다는 건 분명했다. 초임 시절에 나는 '아이들을 사랑한다'라는 말을 아무렇지도 않게 했다. 그게 '여자를 좋아한다'고 말하는 한국 남자들의 말처럼 부적절하고 이상한 말이라는 걸 깨닫고 나서 그 말을 사용하지 않았다. 그 뒤로 교실에서 학생들을 대하는 나의 말과 행동을 하나하나 뜯어보고 반성하는 데 수년의 시간을 보냈다. 성장으로 이어지기도 했겠지만 대개 자책으로 끝나는 날이 더 많았을 것이다. 자책을 하고 있으면 적어도 무언가 '행동'하고 있다는 착각이 들어 안심이 되었다(이제는 그런 종류의 자책을 하지 않으려고 노력한다).

생각해보면 15년간의 교사 생활에서 정말 어려운 것은 권력을 내려놓는 게 아니라 권력을 정확하게 사용하는 것이었다. 권위주의를 타파하려는 노력은 내가 교실 공동체의 성인이자 교사로서 짊어져야 할 권위의 무게와 책임을 회피하려는 시도로 변질될 때가 많았다. 규율이 없는 교실의 흐름을 기민하게 포착하고 공간을 독식하는 것은 권력을 가진 또래 학생들이었다. 상황을 바로잡고자 단호함을 유지하려고 노력하다 보면 권위를 앞세우는 관성 같은 게 여지없이 내 안에서 똬리를 트는 게 느껴졌다. 늘 그 틈바구니에서 시달렸다.

교사의 권력을 성찰하는 일은 언제나 필요했지만 무작정 내려놓는 것은 답이 아니라는 걸 이제는 안다. 그렇다면 무엇이 답일까. 애초에 답이라는 게 명쾌하게 있을 수 없는 이 물음을 놓고 함께 고민할 동료가 필요하다. 하지만 권력을 일정 부분 감당하고 책임져야 한다는 말은 종종 '교사에게 권위나 권력이 필요하지 않다'는 비장한 선언으로 되돌아올 때가 있다. 페미니즘 교육을 논하는 자리가 대개 그렇다. 내가 아는 많은 페미니스트 교사들이 자신이 가진 권력의 남용을 경계하고 성찰하는 데 지나친 열정을 쏟는다고 생각한다. 대개 여성들이다. 남용된 권력으로 일상적인 피해를 경험하고 지각한 여성들. 권력의 차이는 구조적으로 발생하므로 개인이 아무리 노력해도 거기에서 자유로울 수 없으며, 자칫 어떤 경솔한 노력은 시혜적인 혐오로 이어질 수 있다는 것을 너무 잘 아는 사람들.

심각한 표정으로 무너진 교권에 대해 말하는 다른

한 편에서는 학생들이 문제적인 행동을 하는 것은 교사의 권위가 없어져서라고도 한다. 동의하지 않는다. 그들이 말하는 문제적인 행동은 교사에게 더 많은 권력이 생김으로써 해결되는 종류의 문제가 아니며, 더 이상 그런 시대가 오지도 않을 것이고 와서도 안 된다. 문제는 내가 하고 싶은 말을 하는 데 필요한 단어들을 이런 주장을 하는 사람들이 다 가로채버린 것이다. 권력이나 권위 같은 말은 이미 너무 많은 악한 구습을 포함하고 있어서 내 고민의 진의를 항상 망가뜨린다.

온라인으로 열린 교사 연수에서 페미니스트 교사로 살아가는 일에 대해 이야기하는 중이었다. 나는 학급의 규율과 적절한 권위에 대한 이야기를 하고 있었다. 어떻게 해야 한다는 선언보다는 어떻게 해야 할지 매 순간 흔들린다는 고민에 가까웠다. 그때 한 교사가 확신에 차서 말했다. "교사가 가르치는 존재여야 할까요. 저는 아니라고 생각합니다. 교사는 제안하는 역할을 해야 한다고 생각해요." 나는 그 말에도 역시 동의하지 않는다. 교사는 가르치는 사람이다. 가르침의 개념과 본질을 세심하게 논의할 필요가 있겠지만 가르침의 책임을 단지 '인격적인 존중'이나 '평등한 관계' 같은 것으로 회피해서는 안 된다. 인간적 관계가 바탕이 될 수는 있지만 학생과 인간관계를 맺으려고 교사를 하는 게 아니다. 교실은 평등한 친목회 같은 것이 아니다.

사실 교사가 어떤 주장을 하는지 어떤 신념을 피력하는지는 크게 중요하지 않다고 생각한 지 오래되었다. 교실에서 어떤 모습인지가 진실을 말한다. 더욱이 교사의 실천은 주관적이고 자기평가에 좌우된다. 어떤 교사는 대단히 권위를 추구하는 것처럼 보이고 그렇게 말하지만 실제 교실에서는 권위가 필요없다고 주창하는 어떤 교사보다도 평등한 상호작용을 하고 있을지 모른다.

매 순간 권력에 대해 성찰하려고 노력하는 것 같지만 실제로는 자책이나 자기검열에서 멈출 뿐, 더 이상의 개선된 행동으로 나아가지 못한 상태로 권력에 대해 교실 밖에서 소리를 높이는 일에 열성적인 교사도 있을 수 있다.

같은 사회에 속해 있지만 고유성과 개별성을 지닌 교사와, 마찬가지로 고유성과 개별성을 지닌 학생 한 명 한 명이 모여 역동하는 교실 속의 실천과 고민을 똑같은 잣대와 기준을 가지고 정확하게 공유하는 일은 매번 어렵다. 하지만 외로움과 독단을 이고서 갈 수 없는 길인 것도 분명하다. 계속 말을 걸어보겠다. 그리고 들어야겠지. 서로 자꾸 말을 걸고 또 말을 들어야 한다. 어려워도 그렇게 가는 게 맞을 것이다.

'아이'라는 말

그럴 수도 있다. 내가 비슷한 얼굴을 하고 있었을 수도 있다. 그동안 나는 대체로 문제를 제기하는 쪽이었고 그럴 때면 종종 당황해서 아무 말이나 하는 사람들이 꼭 있었는데 바로 그런 이들의 얼굴. 그 아무 말이 너무 길어질 때 나는 비언어적인 무례함을 내비치기도 했다. 한숨을 쉰다거나 얼굴을 찌푸렸을 것이다. 정말이지 못 들어줄 말들 앞에서였을 것이다. 그중에는 "그렇게 남녀가 동등하다면 신석기 시대에는 도대체 여자들이 뭐 했느냐"는 말도 있었다. 내가 강연자인 자리라 꽤 예의를 갖춰 답변을 하고 있었는데 결국 그런 말까지 나오고 말았다. 상대할 만한 가치가 없는 아무 말이었다.

오늘 어떤 선생님이 내가 말하고 있는 와중에 한숨을 쉬며 "도저히 불편해서 들을 수가 없어요"라고 말하고는 내 말을 도중에 끊었다. 아동청소년의 인권을 말할 때 청소년의 관점과 위치에 아동이 그저 포섭돼버리는 현상에 대해서 애써 설명하고 있던 와중이었다. '아이'라는 호칭은 아동청소년을 독립적인 주체로 인정하지 않는 언어이니 사용을 지양하자는 문제 제기가 있었고 나는 이 문제에 대해서 언젠가는 꼭 한번 이야기를 해보고 싶었던 터라 정리가 안 된 채로 말을 시작했다. 사실 나는 이 쟁점을 알고 있었기 때문에 언젠가부터 공적인 자리에서 '아이'라는 말을 의식적으로 쓰지 않고 있었는데, 전적으로 동의하기 때문에 사용하지 않은 것이 아니었다. 반은 동의했고 반은 동의하지 않았다. 좀 더 섬세하게 가르자면 7 대 3 정도겠다. 언어를 성찰하는 일이 중요함을 페미니스트라면 모르지 않는다. 다만 오염되거나 왜곡된 단어를 무조건 폐기하는 것이 성찰의 결론이 되어서는 안 된다고 생각한다. 한 선생님이 '아이'라는 표현을 썼다가 청소년 활동가에게 지적을 받는 걸 보다가 오늘은 7 말고 3의 이야기를 하고 싶어졌다. 내 속에서 오랫동안 부유해온 생각을 타인과의 논쟁과 토론을 통해 명료하게 벼리고 싶은 욕심이었다. 그리고 매우 후회하는 중이다. 상대방에게는 전혀 닿지 않았으므로. 그에게 나의 고민은 고려할 일말의 가치도 없는 것이었다.

별이를 여덟 살까지 키우면서 인간 생애 초기의 취약성을 경험하고 그에 따르는 보호자의 강도 높은 노동을 수행하면서 우리 사회가 지워버린 많은 것들을 매일 떠올리고 마주했다. 유아기 존재의 특성은 의존성이 핵심이었다. 그런데 어떤 존재의 본질적인 특성이 '독립적인 인격과 주체'라는 보편 선언에 의해 묘하게 흐릿해지고, 보다 섬세하게 이뤄져야 할 어린이 교육에 대한 논의가 뭉뚱그려지고 있었다. '아이'라는 말에서 하대나 멸시를 읽어내는 그 정서가 약간 비슷한 맥락일지도 모른다는 생각이 들었다. 유아동의 의존성을 좀 더 들여다보자고 하는 게 유아동이 보호자의 소유물이 되어야 한다는 주장이냐 하면 절대 아니다. 왜 의존성을 인정하자는 것이 독립적인 인격을 부정하자는 말로 치환되는지 모르겠다. 하지만 한편으로는 알 것도 같다. 어쩌면 그 선생님에게는 내 주장이 신석기 때 여자들은 뭐 했느냐는 말처럼 황당한 아무 말로 들렸을지도 모르겠다.

청소년을 무심코 '아이'라고 부르는 행위에 대한 문제 제기 및 개선은 청소년인권운동의 역사적이고 상징적인 성과이다. 하지만 청소년이 아동의 입장까지 대변할 수 있는가.

결국 아동도 청소년에게는 타자이다. 청소년이 아동기와 시기상 가깝다고 해서 조금 덜 타자일 수 있는가. 조금 '덜 타자됨'의 개념이 성립된다면 말이다. 그렇다면 어린이는 '아이' 대신 '어린이'라고 불리면 존중받는 느낌을 받는가. '어린이'라는 말에는 문제가 없는가. 지칭하는 이와 지칭되는 대상의 관계와 맥락과 무관하게 언제나 '어린이'는 되고 '아이'는 안 되는가. 어느 시기부터 '아이'는 안 되는가. 태어난 지 1년 된 사람을 '아이'라고 부르는 것은 괜찮은가. 아니면 '아이'라는 말 자체를 폐기해야 하는가.

나는 청소년을 대상으로 한 강연에서 '아이'라는 호칭에 대한 지적을 여러 차례 받았다. 청소년을 향한 호칭은 당연히 아니었다. 우리 반 학생들을 지칭할 때 썼다. 호칭에 대해 민감하게 고민해온 건 나 역시 마찬가지다. 나에게는 '아이'도, '어린이'도, '학생'도 모두 만족스러운 호칭이 아니었으므로 그것들을 어정쩡하게 섞어 쓰는 버릇이 있었다. '어린이'라는 호칭은 정작 당사자들이 싫어하는 걸 경험했고, '학생'은 학습자로서의 정체성만 너무 부각되는 호칭이라고 생각했다. 그래도 지적을 받으면 복잡한 마음을 뒤로하고 즉시 사과를 한 후 '아이'를 (그들이 원하는) '어린이'로 수정해서 말하곤 했다(오늘도 그냥 그렇게 할 걸 그랬다. 진심으로 후회한다).

'독립된 주체'라는 말이 지우는 어린이의 특성에 대해서 오랫동안 생각해왔다. 발달 단계나 발달 과업, 존재의 특성, 사랑받고 충분히 보호받을 권리에 대해서 말하는 것이 왜 독립이나 주체성과 대척되어야 하는지 점점 헷갈린다. 도저히 불편해서 못 듣겠다고 한숨을 짓던 선생님의 표정이 생각난다. 하지만 내 의견이 신석기 운운하는 것과 같은 종류의 것은 아니라고 믿어야 한다. 어떤 의견이라도 말해져야 하고 숙의되어야 한다. 특히 어린이에 대한 이야기라면, 우리는 빠뜨린 게 너무 많다.

그리고 나는 다시는 다른 사람이 말할 때 그 앞에서 한숨을 쉬지 않을 것이다.

무서움을 없애는 요가

밤이 되면 자연스럽게 요가 매트에 앉아 몸을 돌보던 좋은 습관이 어느 틈에 사라졌다. 생각해보니 습관이라고 부를 단계는 아니었던 것 같다. 매일 밤마다 조금 나아져 보겠다고 성실하게 그날의 애를 쓰고 있을 뿐이었다. 계속 애를 써야 했는데 이젠 좀 힘들이지 않고도 할 수 있을 거라고 방심한 사이에, 밤늦게까지 트위터를 들여다보고 앉아 있는 진짜 습관이 보란 듯이 다시 제자리를 꿰차고 앉았다. 달라진 게 있다면 침대가 아니라 요가 매트 위라는 것.

방금까지도 요가 매트 위에서 휴대폰을 머리 위로 들어 올려서 내 딴에는 바른 자세로 트위터를 보고 있었다. 아니다. 바른 자세일 수가 없다. 점점 몸이 수그러들고 자세가 나빠져도 곧 몸에 좋은 요가를 할 몸이니까 괜찮다는 생각을 계속 하고 있기 때문이다. 그게 10분이되고 30분이 되고 가끔은 한 시간이 되기도 하는데 이상하게도 이제 정말 그만두고 요가를 시작해야겠다고 마음을 먹으면 내 방문을 열고 별이가 들어온다. 신기하다. 어쩌면 별이가 들어올 때까지 그러고 있는 건지도 모르겠다.

방금도 그랬다. 별이가 내 방문으로 걸어오는 소리

가 들렸다. 문이 열리기 전에 얼른 휴대폰을 머리 위에서 내려서 매트 옆에 뒤집어 놓고 요가를 하는 척했다. 별이가 "엄마 요가해?" 하고 물었을 때 천연덕스럽게 고개를 돌려서 그렇다고 답했다. 별이는 깜깜한 방에 누워 있으니 잠은 안 오고 자꾸 무서운 생각이 든다고 했다.

"그럼 재밌는 생각을 해봐."

"해봤지."

"오늘 눈 뭉치고 놀았잖아, 그 느낌도 떠올려봤어?"

"응. 그랬어."

"네가 좋아하는 〈헬로 카봇〉 이야기를 떠올려보는 건?"

"그것도 했지. 그런데 자꾸 〈헬로 카봇〉 노래가 떠오른다. 그럼 잠이 깨. 엄마 무서움을 없애는 요가는 없어? 있으면 좀 가르쳐주라. "

별이는 진지했다. 나는 내 옆에 자리를 내주고 누우라고 했다. 천장을 보고 나란히 누워서 발을 위로 들어올렸다. "발끝에 있는 용기를 가슴으로 끌어주는 동작이야. 한 발씩 정성껏 위로 뻗어봐. 그리고 털어줘. 팔도 같이 들어 올려서 털어줘."

털썩. 힘들어서 둘 다 팔과 발을 내렸다.

"어때? 혼자 잘 수 있을 거 같아? 이제 잠이 잘 올 거야."

"엄마! 잠이 잘 오는 동작이 아니라 무서움이 없어

져야 한다니까."

"아 참, 그럼 이걸 먹어봐."

나는 등 뒤에서 손을 꼼지락거리다가 별이 앞에 엄지와 검지 손가락을 모아서 상상의 알약을 보여주었다. "이건 눈에 안 보이지만 이걸 먹으면…"까지 말했는데 별이가 깔깔깔 웃었다. 이렇게 유치한 게 나한테 통할 것 같냐는 웃음소리였다. "그렇다면 내 콧기운을 받아!" 나는 내 콧등을 검지 손끝으로 휙휙 문지른 다음에 별이 코에 대주려고 했다. 별이는 날렵하게 피하면서 "엄마 코딱지 묻히지 마!" 하면서 또 깔깔깔 웃다가 뒤로 넘어졌다. 그러다 일어나서 내 옆에 바짝 다가와 앉더니 다시 진지해진 표정으로 말했다.

"엄마 나는 죽음을 떠올리는 게 두려워. 그리고 태양의 빛이 사라질까 봐 무서워. 왜 세상에는 죽음이 있는 거야?"

어떤 대답을 해줘야 할지, 내가 그 답을 알고 있기는 한 건지. 무슨 말을 해도 별이에게 용기를 줄 수 없을 것 같아서 슬펐다. 이건 별이가 다 느끼고 통과하며 스스로 견뎌내야 할 두려움인 것이다.

별이 손을 잡고 별이를 방에 데려다주었다. 목이 마르다고 해서 물을 한 잔 떠주고 나왔다.

〈헬로 카봇〉 옆에 〈힐다〉라는 세계

〈힐다〉 새 시즌이 나온 여파로 별이는 다시 내 방에서 잔다. 별이가 무서워서 혼자 못 자겠다고 했기 때문이다. 처음에는 그 말을 다 안 믿었다. 〈힐다〉에 나오는 유령과 트롤은 매우 귀여운 그림체로 표현되는 데다, 아무리 무서운 존재라도 결국엔 그 처지와 마음을 헤아려볼 수 있게 사건이 전개되기 때문이다. 나는 별이가 내 방에서 자려고 꾀를 부리는 건 아닌가 의심했다. 하지만 리모컨을 꼭 쥐고서 어떤 대목에서 황급히 건너뛰기를 누르고 귀를 두 손으로 힘주어 막거나 소리를 지르며 내 무릎 사이로 몸을 웅크리는 별이를 보면서 나는 별이의 긴장과 두려움이 과장이 아니란 걸 알았다.

〈힐다〉를 다 보고 자기 방으로 돌아간 별이는 몇 번이나 요가를 하고 있는 내 방으로 뛰어와 말했다. "자려고 눈을 감으면 〈힐다〉에 나오는 무서운 유령이 자꾸 생각나." 몇 번을 달래서 방으로 돌려보내다가 그냥 시즌2를 다 볼 때까지만 내 방에서 재워주기로 했다. 자기 방에서 스스로 자던 습관이 뒤로 가는 건 아닌가 싶어 걱정이 되었지만, 깜깜한 겨울 저녁, 무서워서 손을 꼭 맞잡기도 하고, 감동해서 서로 꼭 안아주기도 하면서 TV를 보다가 "빠~빠바바 바 바바바" 하고 엔딩크레딧이 올라가면 어쩐지 각자의 방으로 흩어지는 게 영 아쉽고 허전한 것이다.

결국 침대에 나란히 누워 방금 본 내용에 대해 도란도란 이야기를 하다가 잠이 들었다. 별이는 하루가 다르게 크고 있으니 언제 이런 때가 다시 오겠나 싶어 잠자리 독립 같은 건 사소하게 느껴지고 만다. 단호한 양육자가 되는 일은 또 실패다.

〈힐다〉 시즌2는 시즌1에 비하면 사건이 다소 산만하다고 할 만큼 복잡해졌고 새로운 인물들도 많이 등장한다. 특히 첫 회에 등장하는 새로운 인물들이 많은 대사를 쏟아내기 때문에, 별이가 다 이해할 수 있을까 하고 별이를 살피느라 내 감상에 오롯이 집중하지 못했다. 시즌1이 첫 회부터 압도적인 몰입감을 줬던 것에 비하면 약간 지루하다고도 볼 수 있었다. 나는 별이가 금세 지루하다며 〈헬로 카봇〉을 틀어달라고 하면 어쩌지 하고 노심초사했다.

하지만 우리에게는 대사를 모조리 외울 만큼 숱하게 시즌1을 돌려봤던 시간, 시즌2를 기다리며 애태우던 시간들이 있었다. 그사이 별이는 여섯 살에서 여덟 살이 되었다. 무려 2년의 시간, 별이 인생의 4분의 1이다. 새로운 이야기가 약간 복잡하고 지루하게 느껴지더라도 기꺼이 인내하고 싶은 신뢰와 애정이 그 시간 속에 촘촘히 쌓여 있었다.

그리고 〈힐다〉는 역시 〈힐다〉였다. 에피소드가 쌓일수록 주인공 주변의 인물들을 하나하나 애정 어린 시선으로 비춰주는데 우리의 최애 캐릭터인 데이비드 에피소드는 보는 내내 웃음이 터지게 했다. 트위그 에피소드에서는 트위그를 그저 귀여운 '애완동물'로 그리지 않고 원가족을 찾아 모험에 나서기 위해 힐다를 떠나는 선택 앞에서 갈등하는 모습을 진지하게 보여주었고 나는 그들의 만남과 이별을 보며 펑펑 울고 말았다. 별이는 트위그가 힐다를 떠나지 않았으면 좋겠다며 마음을 졸이다가 가장 중요한 건 트위그의 선택이라는 걸 받아들이는 것 같았다.

〈힐다〉는 별이와 나를 대화하게 만드는데(〈헬로 카봇〉으로는 할 수 없는 대화이다) 가끔은 별이와 내가 서로 다른 의견을 낼 때도 있다. 빅토리아 반게일이 니세들의 보이지 않는 공간을 이용해서 도시를 짓겠다는 야심을 드러내는 장면이 그중 하나였다. 비록 정당한 방법은 아니었지만 빅토리아는 숲과 나무를 지키려는 선의를 가진 과학자였다. 빅토리아가 힐다에게 나무를 없애지 않고도 도시를 지을 수 있다고 흥분하는 장면에서 내가 "일리가 있는데? 숲이 없어지는 것도 심각한 일이잖아"라고 말하자 별이는 "그래도 니세의 허락이 없이 저렇게 하는 건 아니지!" 하고 반대했다. "숲이 없어지면 도시도 결국에는 사라지게 돼." 내가 다시 말했다. "그렇지만 니세의 말도 들어봐야 하는 거잖아." 별이도 완강했다. 그리고 덧붙였다. "니세들의 동의 없이 경계선을 넘으면 안 되지. 엄마가 경계선이 중요하다며!" 경계선 이야기에서 나는 꼬리를 내렸다. 숲도 지키고 경계선도 존중할 수 있는 방법이 없을까 하는 질문으로 대화는 마무리가 되었고 우리는 다음 장면에 집중했다.

엘프 왕국이 (트롤버그시 특파원으로 힐다와 함께 생활하던) 알푸르를 해고하고 다시 엘프 왕국으로 데려가려는 장면에서 별이는 "내가 힐다라면 엘프들을 발로 밟아버릴 텐데!"라고 했다. "그래? 숲거인한테는 인간들이 엘프만큼 작을 텐데?"라고 내가 말하자, 별이는 약간 당황한 표정으로 웃으면서 말했다. "그럼 그렇게 하면 안 되겠네." 꼭 심오하고 깊은 대화가 일어나서 좋은 것만은 아니다. 그런 건 나중에 별이가 더 커서 해도 된다. 지금은 그저 다양한 존재들이 서로를 충분히 존중하는 가운데 갈등과 해결을 반복하며 서로의 세계를 넓혀가는 이토록 멋진 이야기를 별이와 내가 함께 즐길 수 있다는 것만으로도 충분하다.

아쉽게도 시즌2는 으스스한 분위기가 강해져서 보고 또 보며 대사를 외울 때까지 즐기기는 어려울 것 같다. 별이가 무서워서 끝내 못 보겠다고 완전히 뛰어넘은 구간과 회차도 몇 있다(나는 궁금하다고 그냥 보자고 발을 굴렀지만 별이는 그럼 정말로 너무 무서워서 계속 엄마 방에서 자게 될지도 모른다며 끝내 거절했다). 게다가 별이는 여전히 〈헬로 카봇〉을 가장 좋아한다. 시즌1 때처럼 〈힐다〉에 폭 빠져서 잠시 잊기를 바랐지만 별이는 자기 취향을 그렇게 쉽게 포기하지 않았다. 어쩌면 당연하고 자연스러운 일이다.

오늘 별이는 "〈헬로 카봇〉처럼 안 무서운 걸 만들어야지. 힐다를 만든 어른들은 나처럼 겁이 많거나 무서워하는 아이들이 있다는 걸 생각 안 하는 거야? 정말 너무하는 거 아니야?" 하고 성토했고, 나는 〈헬로 카봇〉이야말로 정말로 너무하다, 장면 장면마다 감출 수 없이 줄줄 새어 나오는 여성 혐오와 아줌마 혐오, 외모 차별, 성 편견 같은 것도 어디 한번 말해보자고 팔을 걷어붙이고 싶은 마음을 꾹 눌러 참고 "그러네" 하고 고개를 끄덕였다. 〈헬로 카봇〉의 얄팍하고도 성차별에 절여진 서사가 별이가 경험하는 유일한 이야기가 아니라서 안심이다. 〈헬로 카봇〉 옆에 〈힐다〉라는 세계가 있어서 다행이다. 〈힐다〉 시즌3 빨리 부탁합니다. 조금만 덜 무섭게요.

암

조직검사 결과, 악성이라고, 다시 말해서 암이라고 했다.
'암'이라는 말에도 겁이 났지만 매번 다정하게 웃는 얼굴
로 진찰을 하던 의사의 얼굴에 웃음기가 없다는 것을 깨
달았을 때가 더 무서웠다. 의사는 미소는 없지만 여전히
다정한 말투로 그래도 늦지 않게 발견한 것 같아 다행이
라고, 열어 봐야 확실히 알겠지만 다른 곳으로 전이되지
않았을 가능성이 높으니 너무 걱정하지 말라고 차분히
설명을 덧붙였다. 진료실을 나와 얼떨떨하게 서 있으니
곧바로 누군가가 나를 다른 방으로 안내했다. 연계 병원
으로 전화를 걸어 능숙하게 예약을 의뢰하고 약속을 잡
아주었다. 진료를 받고 여기로 와서 더 큰 병원의 예약을
기다리는 사람들이 나 말고도 많았을 것이다.

밖으로 나오니 오후 3시쯤이었다. 눈발이 거세진 데
다 하늘이 시퍼렇고 어둑해서 이른 새벽처럼 느껴졌다.
암이라는 말을 들은 사람치고는 내가 너무 무덤덤한 것
같다고 생각했는데 주차장으로 걸어가면서 손이 조금
떨리고 있다는 걸 알았다. 방금 전까지 나는 암과 무관한
사람, 암이라는 질병에 대해 무지할 수 있는 사람이었고,
암 환자는 내게 어느 정도 정형성을 가지고 떠올릴 수밖

에 없는 타자였다. 그런데 별안간 나에게 암 환자라는 정체성이 생겨났다. 인지부조화가 왔다. 어떻게 받아들여야 하지, 다른 사람들은 이 순간을 어떻게 지나갔을까. 이걸 어떻게 해결했을까. 그냥 가만히 있으면 저절로 되는 건가.

내 주위 사람들도 비슷한 부조화를 겪을 거란 생각이 들었다. 누구에게 어떻게 전해야 할지 잠깐 고민했다. "안녕? 내가 암에 걸렸대!" 이렇게 경쾌하게 말할 수는 없겠지만 그렇다고 비보를 전하듯이 하고 싶진 않은데. 가장 먼저 떠오르는 친구 얼굴이 있어서 전화를 걸었고 친구의 다정한 걱정과 위로를 들으니 그제야 실감이 났다.

집에 오니 별이가 얼마 전 거실에 놓은 전자 키보드를 혼자 쳐보다가 어려워서 나에게 도움을 요청했고, 내가 동거인과 나의 치료 일정을 상의하고 집안일을 처리하는 사이, 뭐가 잘 안 되는 좌절감을 견디지 못하고 눈물을 뚝뚝 흘리며 방바닥에 드러누웠다. 그런 별이를 안아 다독이면서 아직까지는 한 치 변화 없는 육아 일상이 고마우면서도 고단했다. 성실히 치료에 임하여 이 고단한 일상을 잘 지켜낼 것이다.

이쪽으로 가면 길이 없다

나는 아직도 정신을 못 차렸나 보다.

암 카페에 들어가서 정보를 찾고 내 병에 대해서 공부하고 스트레스를 관리하면서 몸을 돌봐야겠다고 생각했다. 분명히 그렇게 하려고 했다. 우선 요가를 시작했다. 매트에 앉아서 심호흡을 하고 딱딱하게 뭉친 근육을 풀어내려고 했다. 순조롭게 동작을 이어가다가 어느 순간 나도 모르게 벌떡 일어나 책상에 앉아서 뭔가를 불같이 쓰고 있었다. 미움에 대한 글이었다.

내가 암이라는 말을 처음 들은 친구는 "나쁜 인간들. 다 벌 받았으면 좋겠어"라고 분통을 터뜨렸다. 친한 선생님은 스트레스에 몸이 반응한 거라고, 이건 업무상 재해라고 했다. 나도 많이 생각했다. 나쁜 인간들과 스트레스. 그리고 암. 하지만 내 억울함을 남이 알아주고 대신 분노해주는 건 속이 시원하긴 해도 내가 그 분노를 매일 이고 사는 건 시원하지 않다. 그래서 나는 지난 몇 년간 내가 받은 스트레스 때문에 암이 생긴 거라며 그 둘을 인과관계로 생각하고 싶지가 않았고, 앞으로도 그 둘을 가급적 연결 짓지 말자고 생각했다. 하지만 자꾸 생각이 올라온다.

나는 나에 대한 악성 루머를 만들고 유포한 사람들,

욕설을 뱉고 위협했던 사람들을 미워한 적은 없다. 불쌍해하고 한심해했을 뿐. 하지만 그 사건이 모두 지나간 후에 나는 내 주변 사람들을 미워했다. 정확히 말하자면 학교 동료들을 미워했다. 더 정확히 말하자면 내가 한때 믿고 좋아했던 몇몇 동료들을 미워했다. 그 미움이 암이 되었을까. 이런저런 일들로 그들을 미워했을 때 그때 암세포가 생겨나고 있었을까. 그때였을까, 이때였을까. 많은 장면과 얼굴들이 수없이 내 머릿속을 스쳐 갔다. 바보 같다고 생각하면서도 그 생각을 하루 종일 멈출 수가 없었다. 그래서 다시 그들이 미워졌다. 그러다가 미움을 다스리지 못한 내가 원망스러워졌다. 결국에는 다 미움이었다. 그리고 치졸함.

블로그 글을 많은 사람들이 읽을 거라는 것을 염두에 두고서 나는 그들이 침묵하고 못나게 행동했던 것에 대해 세세히 적어 내려가고 있었다. 마치 사람들이 알아줘야 한다는 듯. 어른에게 잘못을 이르는 어린아이처럼. 그러다 깨달았다. 이 방향이 아니다. 이쪽으로 가면 길이 없다.

나는 글을 지웠다. 지우면서 마음에서도 같이 지워지기를 바랐다. 이제 그만 그 모든 섭섭함과 원망들이 내 마음을 통과해서 지나가주기를 바랐다. 적어도 이러고 있을 때는 아니지. 아직 네가 네 상황과 처지를 파악하지 못했구나. 너 암에 걸렸다고. 치료에 전념해. 왜 그렇게 지난 감정을 못 보내주니. 방향을 틀고 있다고 생각했는데 이쪽은 또 다른 종류의 자책이었다.

왜 이렇게 스스로를 가혹하게 대하는 마음의 버릇이 생겼을까. 주변 사람들이 이제부터는 '나'만 생각하라고 조언했다. 다른 건 다 필요 없고 이젠 나만 생각하라고. 하지만 나는 어떻게 하면 나만 생각할 수 있는지 모르겠다. 이타적이라서 그런 게 아니다. 방법을 모르겠다.

오늘, 사람들에게서 전화가 여러 통 왔고, 받고 싶지 않아서 모두 거절을 눌렀다. 그럼 내가 하고 싶은 대로 했으니 나만 생각한 것이 맞는 걸까. 이렇게 하면 되는 걸까. 하지만 동시에 나는 사람들의 목소리가 듣고 싶고 걱정하는 마음도 확인받고 싶다. 그러니까 나만 생각한다는 것은 어려운 일이다. 어떤 것도 확신할 수가 없고, 나는 내가 어떤지, 괜찮은지 안 괜찮은지도 전혀 모르겠다. 아무렇지 않았다가, 울고 싶어졌다가, 그래도 이만해서 고맙고 다행이라고 스스로 다독이다가, 원망과 미움이 불처럼 인다. 그 많은 마음의 갈래 속에서 오로지 미움만으로 써 내려간 글만큼은 내보내지 않고 지울 수 있어서 다행이다.

사흘째 아침

선암이네요, 라는 말을 들은 이후로 이틀이 지난 아침이다. 눈을 떠서 한참 멍하게 천장을 보고 침대에 누워 있었다. 질병의 증상인지 긴장해서 그런 건지 소변이 자주 마렵다. 귀찮아서 참다가 겨우 화장실을 다녀와서 다시 멍….

혼자 있으면서 음악도 듣지 않고 책도 보지 않고 특히 넷플릭스를 보지 않은 채로 멍하게 있어보는 게 얼마만인지 모르겠다. 이런 시간이 정말 필요했는데 외면하고 살다가 세상에, 암에 걸리니 드디어 갖게 되네. 암이 좋은 거네. 나한테 필요한 무언가를 주려고 암이 친히 내게 와줬는지도 모른다. 지금으로서는 그렇게 믿는 것이 가장 좋겠다.

어제 블로그에 쏟아냈던 미움과 원망의 마음은 그저 내 속의 작은 일부였다는 걸 깨닫고 다시 안심한다. 오늘 아침의 나는 어제보다는 좀 더 가볍고 명랑하다. 나는 내 속에 있는 여러 모습 중에서 이 친구가 참 좋다. 네가 얼마나 낙관적이고도 침착하게 상황을 잘 이끄는지 나는 여러 번 봤어. 힘들 때마다 어떻게 활약을 했는지도. 그래서 아무리 불행하고 외롭고 바닥을 쳐도 나는 알고 있었어. 네가 나타나서 상황을 정리해줄 거라고. 가끔은 늦게 오고 가끔은 지쳐 있는 것 같았지만 그래도 항상 거기 있다는 걸 알지. 내가 믿는 구석이다.

멍하게 있다가 불현듯, 암 카페에 가서 내 병명을 검색해본다. 자궁경부선암. 많다. 선암에 걸린 사람들, 선암으로 수술을 앞둔 사람들, 수술을 마친 사람들, 나처럼 막 진단받은 사람들. 선암은 발견이 어렵고 수술 후에도 예후가 안 좋다는 글이 보인다. 하… 선암… 선암이라니 문제네요, 하는 댓글도 보인다. 절제, 적출… 듣기에도 무서운 말들이 평범한 안부를 묻듯이 오간다. 서로 힘내자고 다독이는 글들과 함께.
이렇게 많은 사람들이 암을 치료하는 삶을 살고 있다. 무시무시한 수술 후기들 중의 하나가 머지않아 내 미래가 되겠구나. 일단 지금은 배가 고프다. 일어나서 뭘 좀 먹어야겠다. 암 환자로서 몸에 좋은 신선한 야채를 먹겠다.

스트레스

기시감이 느껴진다 했더니 임신했을 때 그랬다. 부정적인 감정이 들 때마다 불안했다. 임신부라고 해서 세상 사는 게 갑자기 태평해지고 평탄해지는 게 아닌데 하도 태교가 중요하다고들 하니까. 임신부는 좋은 생각만 하고 행복해야 한다고, 그래야 아기에게 좋다고 하니까. 누굴 미워하고 싫어하는 것 그 자체보다 그 미움의 화살이 내 배 속의 아기에게 돌아간다는 그 협박 같은 말들이 너무 스트레스였다. 그렇다고 마음이 그렇게 쉽게 정리되는 건 아니니까 분한 마음을 두고 어쩌지를 못했다.

지금도 그렇다. 많은 사람들이 암에 스트레스가 안 좋을 거라고 하고 분명히 그 말은 일리가 있다. 그러니까 스트레스를 안 받으면서 스트레스를 받을 방법이 없어서 스트레스다.

나만 웃을 수 있는 농담

산책하다가 농담 같은 게 자꾸 떠오른다. 친구랑 전화하다가도 암에 대해 농담할 거리가 떠오른다. 세상 나 혼자 암 걸린 거 아니니까 암으로 농담을 할 수 있는 자격증이라도 얻은 것처럼 이러면 안 되겠다고 생각했다가도 불쑥 이건 정말 웃기다 싶은 농담이 떠올라서 참지 못하겠다.

근데 생각해보면 나만 웃을 수 있는, 듣는 사람은 불편하고 어쩌지 못하는 그런 말을 농담이라고 할 수 있나. 어서 암 카페에 가입하고 암에 걸린 친구를 사귀어야겠다. 농담을 주고받는 일이 시급하다.

더 나쁠 수도 있었어

"더 나쁠 수도 있었어"라는 문장이 위로가 된다. 오늘 하루 내내 이 문장을 붙들었다.

우울증이 끝날 때 암이 온 것도 다행이다. 우울증 끝나가니 이번엔 암이냐! 이런 생각에 잠시 괴로웠지만 다시 생각해보니 암을 잘 이겨내라고 고맙게도 우울증이 퇴장해주는 상황인지도 모른다. 이렇게 생각을 전환하는 데 엄청난 긍정의 에너지가 필요했던 것도 아니다. 그냥 오늘 산책을 하다가 담담하게 떠오른 생각이다.

수술을 대비해서 체력을 비축해두어야 한다는 글을 많이 보았다. 그래서 오랜만에 산책을 하며 좀 걷기로 했다. 오늘은 별이가 동거인과 할머니 댁에 갔으므로 나만의 시간을 보낼 수 있었다. 요가로 몸을 간단히 풀고 맛있게 밥을 차려 먹은 후에 산책을 나섰다. 우울증이 여전했다면 이렇게 추운 날(오늘 정말 추웠다) 주섬주섬 옷을 챙겨 입고 바깥으로 나가지 않았을 것이다. 그럼 저렇게 좋은 문장을 붙들고 마음을 편하게 가질 기회를 갖지도 못했을 것이다.

작년 2월, 양수리에 처음 왔을 때만 해도 나는 이만하지 못했다. 그러니까 1년 동안 나름대로 많이 노력해서 스스로를 잘 돌보는 사람이 조금은 될 수 있었던 것이다. 그러니 이제 앞으로 암도 그렇게 치료해서 좋아질 수 있을 것이다.

"더 나쁠 수도 있었어. 지금은 걱정할 때가 아니야."
오늘 나를 붙들어준 이 두 문장은 『나는 내 나이가 참 좋다』라는 책에서 건져낸 것이다. 70세 심리치료사 메리 파이퍼라는 여성이 쓴 책이다. 오디오북으로 듣다가 종이책으로도 주문했다. 나에게 딱 필요한 책이 때맞춰 내 손에 있을 때 나는 사는 게 너무 고맙고 흥미롭게 느껴진다. 이 책의 모든 구절이 나에게 말을 건다. 모든, 모든 구절이 말이다. 그중에 가장 중요한 문장은 다시 말하지만 이거다. "더 나쁠 수도 있었어."

괜찮은 날

오늘은 다른 데 한눈팔아서 암 생각 같은 걸 거의 안 하고 하루를 보냈다. 숲에서 나무를 톱으로 잘라서 구름네 오두막의 땔감을 모으고, 작은 목공소에서 나뭇가지를 칼로 깎으며 시간을 보냈다.

최근 오두막으로 이사를 했다는 구름의 소식을 들었을 때 나는 아담한 시골집을 구했겠거니 하고 생각했다. 오늘 그 집 근처에 도착했을 때 나는 운전대를 붙잡고 푸핫, 소리 내서 웃었다. 뾰족한 세모 지붕에 나무로 된 작은 오두막이 멀리서부터 눈에 띄었다. 오두막을 그려보라고 하면 누구든 딱 그렇게 그릴 만한 오두막이었다. 그렇게까지 오두막스러운 오두막에 살고 있어서 오두막에 살고 있다고 말한 줄은 상상하지 못했다. 밤이면 앞이 안 보일 만큼 사방이 깜깜해지는 마을. 수지에 살았을 때는 양수리만 해도 매우 한적하고 조용한 마을이었는데 여기에 비하면 양수리는 매우 도시다.

"톱 사용해본 적 있어요?" 구름은 큰 톱을 손에 들고 나에게는 작고 귀여운 톱을 건넸다. 태풍으로 쓰러진 (아주아주 키가 큰) 나무의 굵직한 가지 곁에 앉아 톱질을 시작했다. "톱질하다 보면 가끔 명상을 하는 거 같아요." 요령도 힘도 없어 계속 나무에 걸리는 톱을 빼내면서도 나는 그 말이 무슨 말인지 알 것 같았다. 그리고 두 개를 썰어놓고 팔이 아파져서 바로 쉬기로 했다. 잠깐이지만 열심히 움직여서 적당히 덥혀진 몸으로 나무들 사이에서 청량한 공기를 깊이 들이마시며 이리저리 움직였다. 멀리서 구름의 힘차고 리드미컬한 톱질 소리가 들렸고 이 소리와 기분을 오랫동안 간직해야겠다고 생각했다.

구름과는 오래 알고 지낸 사이는 아니다. 그래도 친구라고 부르고 싶은 이다. 나는 올해 마흔이 되었는데 마흔은 친구를 새로 사귀기 딱 좋은 나이다. 친구로 지내고 싶은 사람은 그냥 바로 알아보게 된다. 그런 친구가 얼마나 귀한지도 안다.

저녁에는 부산에 있는 친구가 줌으로 요가를 시켜줬다. 요새 혼자 요가를 하는 게 힘에 부쳐서(자꾸 매트에 앉아 뭉그적거리기만 한다) 요가 강사였던 친구에게 도와달라고 부탁을 했다. 친구는 정성스럽게 동작을 하나하나 일러주고 짚어줬다. 나는 요가를 처음 배우는 사람처럼 오롯이 집중할 수 있었다.

내일과 모레는 병원에 간다. 사람들이 많이 추천해준 병원의 의사에게 첫 진료를 받고 수술 예약을 하고 왔는데 아무리 생각해도 수술 날짜가 너무 늦다. 워낙 유명한 병원인 데다 코로나로 잠깐 쉬어서 일정이 많이 밀려 있다고 했다. 명의가 아니라도 좋으니 상급종합병원 중에서 하루라도 빨리 수술할 수 있는 병원을 찾아보려고 한다. 내일과 모레는 아마 하루 종일 암이나 병원 같은 것을 생각하면서 시간을 보내야 할지도 모른다. 그래도 괜찮을 것 같다. 오늘이 너무 괜찮았기 때문이다.

시간이 요 며칠 사이에 슬로모션으로 흐르는 것 같다. 인생에 드라마가 생기니 넷플릭스나 왓차에는 자연스레 손이 가지 않는다. 넷플릭스를 너무 많이 보는 거 아닌가 하고 걱정하던 시절이 태평스럽게 느껴진다.

서브웨이 샌드위치

오늘은 운전을 오래 했다. 양평에서 수지까지 갔다가 마포에 들러 정신과 진료를 받고 다시 양평으로 돌아오는 코스였다. 중간에 먹으려고 서브웨이에서 샌드위치를 샀다. 통곡물 빵에 베지로 선택하고 모차렐라치즈를 추가한 후, 스위트어니언소스와 허니머스터드소스에 올리브오일을 살짝 뿌려달라고 했다. 판교를 지날 때쯤 빨간 신호등에서 포장을 뜯어 샌드위치를 한입 먹어보고 깜짝 놀랐다. 이렇게 맛있는 샌드위치를 내가 먹어본 적이 있었던가. 서브웨이 베지를 처음 먹는 것도 아닌데 이 생소한 천국의 맛은 뭐지.

한입을 먹고 충격을 받은 사이에 신호가 바뀌었다. 뒤차가 경적을 울렸다. 서둘러 샌드위치를 내려놓고 운전대를 잡고 출발했다. 나는 그 잠깐을 못 참고 경적을 울린 뒤차 운전자가 왠지 가소롭게 여겨졌다. 그래그래 당신이 뭘 알겠소. 아마 그는 죽을 때까지 알 수 없을 것이다. 앞차 운전자는 며칠 전 암 선고를 받고, 수술 예약 때문에 멀고 먼 양평에서 여기까지 차를 몰고 왔고, 샌드위치를 먹다가 너무 맛있어서 잠깐 감동하고 있었던 건데!

잠깐, 암에 걸리면 이렇게 샌드위치가 맛있어지는 것인가. 작은 것에도 이렇게 강력한 희열과 감동을 느끼게 되는 것인가. 원래 이런 것인가. 아니면 그냥 그 집이 샌드위치를 유난히 맛있게 만드는 서브웨이였을 수도 있다. 다른 때와 달리 올리브오일을 살짝 뿌려달라고 했던 게 결정적이었을지도.

모든 것을 다 암과 결부해서 생각하지는 않고 싶지만 아직은 어쩔 수 없다. 뭘 해도 다 암 때문인 것 같다. 슬퍼도, 화가 나도, 기쁘거나 즐거워도 이 모든 것이 다 갑자기 찾아온 암 때문인 것 같다. 지금은 암에 압도되는, 뭘 해도 뭘 봐도 뭘 느껴도 암 환자의 정체성이 가장 큰 시기를 지나는 중인가 보다.

내일은 아침 6시에 일어나서 분당 서울대병원을 가야 한다. 별이는 친구 집에서 돌봐주기로 했다. 별이는 아침, 아니 꼭두새벽부터 친구 집에 놀러갈 생각에 신이 나 있다. 나는 눈꺼풀이 자꾸 감긴다. 오늘 너무 피곤했고 바로 침대에 쓰러지고 싶었지만 서브웨이 샌드위치가 얼마나 맛있었는지를 꼭 적어서 남겨놓고 싶었다. 손가락에 힘이 없다. 어서 자야겠다. 그리고 생각해보니 나도 뒤차 운전자의 사정을 모른다.

약발 느긋 요가

수면약 덕이었는지도 모르겠다. 요가를 두 시간 반을 했다. 그렇게 오래 한 줄도 몰랐다. 11시 넘어 시작한 것 같은데 시계를 보니 어느새 새벽 2시를 향하고 있었다. 어려운 동작을 의지를 다해 하는 그런 요가, 안 했다. 설렁설렁 했다. 조용히 앉거나 서서 몸을 까딱거리다가 내가 돌보고 싶은 곳이 발이다 싶으면 발에, 목이다 싶으면 목에 집중하면서 자유롭게 움직였다. 눈을 감고 그냥 흘러가는 대로 몸을 움직였다. 생각이 먼저 앞지르지 않게 몸을 계속 살핀다. 그렇다고 의식적으로 막 무언가에 집중하는 상태도 아니다. 약간은 약에 취한 듯 술에 취한 듯 눈을 감거나 혹은 게슴츠레 뜨고 내 방 공간을 탐색하듯 걷고 움직인다.

　　내 방이 낯설게
　　내 몸이 낯설게
　　내 호흡이 낯설게
　　내 눈을 감고 뜨는 것과
　　발바닥을 땅에 딛는 모양과 무게
　　손가락 끝의 느낌들까지
　　모두가 다 낯설게 바뀐다

익숙한 내 몸과 내 방이 이렇게까지 낯설어지는 걸 즐기면서 시간 위를 둥둥 떠다니듯 유영하다 보면 마음도 몸도 점점 가벼워지는 느낌이 드는데 이상하게 그러면서도 한편으로는 단단해지는 느낌도 받는다. 자려고 누웠고 이대로 몸을 흩뜨리지 않고 자고 싶다. 당근마켓에 들어간다거나 트위터를 본다거나 하지 않았으면! 지금 이 글은 침대에 누워 눈을 반쯤 감고 분위기 타서 스윽 쓰는 거다. 다 쓰고 휴대폰은 침대 밑에 던져놓자. 오늘 좋다. 오랜만에 몸한테 안 미안한 날이다. 편하다. 대자로 뻗어서 잘 수 있을 거 같다. 그동안 이런 날이 얼마나 있었나. 잘했다. 잘했어. 그리고 나른한 움직임에 큰 기여를 한 수면약에게 심심한 감사를 드린다.

원추절제술

내일은 원추절제술의 날이다(이렇게 말하면 왠지 신나지 않을까 생각했지만 그럴 리는 없는 것이다). 정확히는 '자궁경부원추형생검술'이라고 한다. 자궁경부의 일부를 원추 모양으로 둥글게 도려내서 암을 정확히 진단하고 병변을 제거하는 치료 효과도 기대할 수 있는 시술이다.

내일 수술이 이른 아침에 잡혀서 별이는 오늘 친구 집에 자러 갔다. 하룻밤 자는 건데 별이는 큰 가방을 세 개나 썼다. 딱지로 가득 채운 가방 한 개를 등에 메고, 바퀴가 달린 네모 가방에 『흔한 남매』 여섯 권과 『쿠키런』세 권을 담았다. 자기 몸보다 더 큰 노트북 가방에는 내일 학교 온라인 수업을 위한 노트북과 교과서를 넣었다. 항상 같이 다니는 인형과 잠옷, 칫솔 등도 꼼꼼하게 챙겼다. 형제도 없고 학교에 못 가서 친구도 못 사귄 별이에게는 아주 귀하고 설레는 이벤트다. 그래, 네가 즐겁다는 것이 나에게도 중요하다.

낯설고 찬 수술대에 누운 내 모습이 상상이 안 가면서도 꾸역꾸역 머릿속으로 그려보게 된다. 살면서 수술을 해본 적이 없어서 내가 하는 상상은 다 드라마나 영화에서 본 장면일 것이다. 사실 내일 받는 수술은 30분이면 끝나고 당일에 퇴원하는 간단한 수술이다. 수면마취를 하기 때문에 수술 준비를 마친 후에 눈을 감았다 뜨면 끝나 있을 것이다. 하지만 처음 해보는 일이 다 그렇듯이 두렵다.

별이를 친구 집에 데려다주고 와서 뭘 해야 할지 몰라 잠깐 멍하게 있다가 블루베리를 씻어 입에 넣으면서 몸에 좋은 걸 먹는다는 사실에 기뻐했다. 암에 걸렸으니까 먹는 걸 신경 써야 할 것 같은 부담감이 생겨서 얼마 전에 『먹어서 병을 이기는 법』이라는 책을 사서 봤다. 아주 어려운 용어들이 섞여 있었지만 결국 몸에 좋을 성싶은 음식은 몸에 좋고 나쁠 성싶은 음식은 나쁘다는 내용이었다. 간식 삼아 고구마를 삶고 엊그제 끓여놓은 청국장을 다시 데우고 상추를 작게 잘라 샐러드소스를 뿌리면서 아주 마음이 뿌듯해졌다. 이 정도면 훌륭하다고 생각했다. 아직까지는 여기서 더 다양한 재료와 요리법으로 더 훌륭해지고 싶지 않다.

밤 10시다. 별이가 없는 밤 10시가 이렇게 허전하면서도 홀가분할 수가 없다. 지금 별이는 뭐 하고 있을까. 내일 몇 시쯤 데리러 가면 좋겠느냐고 물었을 때 별이는 잠시의 머뭇거림도 없이 저녁 늦게 오라고 외쳤다. 엄마 아빠 보고 싶어도 참으라고, 찾아도 데리러 가기는 힘든 상황이라고 말해주자, 별이는 전혀 걱정할 필요가 없다는 듯이 발을 까딱거리며 괜찮다고 했다. 이 녀석, 정말 좋은 것이다! 그래, 다시 말하지만 네가 즐겁다는 것이 나에게도 중요하다.

내가 요즘 유일하게 챙겨 보는 TV 프로그램이 〈싱어게인〉인데 거기 송민호가 나온다. 처음에는 누군지 모르고 보다가 문득 그 이름에서 느껴지는 불쾌한 느낌에 검색을 해봤더니 "산부인과처럼 다 벌려"라는 멍청한 가사를 쓴 래퍼였다. 그 가사가 논란이 되었을 때 부지불식간에 내 머리에 그 이름이 각인되었을 것이다. 그 전에도 싫었겠지만 산부인과 수술을 앞둔 암 환자로서 그 가사의 멍청한 악의에 분노가 인다. 지극히 의료적인 행위에 대해 수치심을 느끼게 하려는 짓이야말로 진짜 수치스러운 일이다. 나는 내일 산부인과에서 다리를 편하게 벌리고 앉아서 필요한 진료와 수술을 받을 것이지만, 저런 멍청한 가사가 활보하는 사회에서 필요한 진료를 미루고 있을지 모르는 많은 여성들이, 특히 젊은 여성들이 걱정이 된다(지금 내가 남 걱정할 때는 아니지만).

내가 좋아하는 프로그램을 보면서도 간간이 얼굴을 찌푸리고 있어야 한다는 것이 분함 포인트다. 오늘 유튜브로 내가 응원하는 싱어게인 29호님의 〈제발〉을 계속 다시보기 하면서 그 멍청한 래퍼가 화면에 나올 때마다 내가 미간을 찌푸린다는 걸 깨달았다. 눈썹의 근육을 더 이상 헛되이 움직이고 싶지 않아서 그 뒤로는 눈썹을 위로 밀어 올리며 찌푸리지 않으려고 노력했고, 살다 보면 이런 기술과 마인드셋이 많이 필요하기 때문에 오늘의 노력과 연습만큼은 헛되지 않다고 생각했다.

자야겠다. 내일 새벽에 일어나 병원으로 출발해야 한다. 일어나는 것보다 잠드는 게 문제다. 수면마취를 하니까 혹시 가능하면 복용 중인 수면약을 안 먹고 오는 것도 좋겠다고 간호사님이 설명해주었지만 나는 망설임도 고민도 없이 수면약을 털어넣었다. 이거 없이 잠들라고? 아직은 말이 안 된다. 언젠가 그럴 날이 분명히 오겠지만 오늘은 아니다.

수술 다음 날

아침에 일어나니 온몸에서 진통제 냄새 같은 게 풍긴다.

어제 수술 후 지혈이 안 되어 예상 퇴원 시간보다 여섯 시간가량 더 수술센터에 머물렀다. 그사이 지혈을 두 차례 더 하면서 경과를 봤는데, 지혈은 전기 인두 같은 걸로 수술 부위를 지지는 것 같았고(정말 무서운 기계였다) 그 전에 (다행히도!) 진통 주사를 맞았다.

수면마취와 여러 차례의 진통제 덕분에 나는 내 몸의 일부가 도려내진 것에 대한 아픔은 피했지만 울렁거림과 어지럼증, 두통에 시달렸다. 진통제는 대부분 마약 성분이기 때문에 몸이 부대끼는 게 당연하다고, 간호사가 울렁거림을 완화해줄 수 있는 약을 혈관에 넣어주며 말했다.

지혈이 계속 안 될 경우의 추가 수술 가능성에 대비해 나는 지난밤부터 이어진 금식 상태를 유지해야 했다. 물을 마실 수 없다는 게 배고픈 것보다 훨씬 더 괴로웠다. 오후 4시쯤에 간호사님이 물이나 음료를 조금씩 마실 것을 허락했을 때 나는 이온음료 한 캔을 따서 조심스레 입에 적셨다가 이내 벌컥벌컥 들이켜고 말았다. 갈증이 해소되는 희열을 온몸으로 느끼면서 천국이 있다면 이런 느낌일 거라고, 그러니 천국이란 게 있어도 별거 아닐 거라는 생각을 했던 것 같다. 그리고 30분 정도 괴로워하다가 먹은 것보다 더 많은 액체를 토했다. 멍청하게도 그런 짓을 계속 반복했다.

뭐라도 마시면 목마름과 허기를 견딜 수 있을 것 같은 강렬한 느낌이 들어서 물 한 모금을 마시고 30분 동안 그걸 토해내면서 후회했다. 그걸 네 시간 동안 네댓 번 정도 한 것 같다. 그래도 수술 부위의 통증보다 이게 더 나은 걸까. 지금 겪는 고통과 내가 피한 고통의 크기를 부질없이 비교해보았다.

사실 이 고통은 낯설지 않았다. 별이를 임신했을 때 4개월 정도 정확히 이런 상태로 살았다. 끔찍한 입덧이었다. 태아가 몸에서 자라고 있는데도 아침에 일어나면 몸무게가 몇백 그램씩 가차 없이 줄어 있었다. 8층에 살았는데 베란다를 보면 뛰어내리고 싶었다. 아래를 내려다보며 뛰어내리면 (무사히?) 죽을 수 있을까를 가늠해보곤 했다.

언제 끝날지 모르고 견뎌야 했던 그때에 비하면 지금의 고통은 적어도 오늘 밤만 지나면 끝난다는 희망이 있지만 아무리 그 희망을 떠올려도 당장의 괴로움에는 전혀 도움이 되지 않았다. (나의 응급 상황 덕분에 친구 집에서 하룻밤을 더 자게 되어 아마 무척 신이 난 것 같은) 사랑하는 별이 생각도 해봤지만 그것도 별 도움이 되지 않았다. 비좁은 병실 한구석에서 일어났다 앉았다 몸부림을 치고 있는 내 육신이 얼마나 초라하고 보잘것 없던지 눈물이 났다.

어두워져서야 퇴원을 했다. 병원에서 양수리까지는 먼 길이라 차 안에서 몇 차례 더 구토를 하면서 왜들 그렇게 큰 병원 옆에 살아야 한다고 하는지 절감했다. 집에 오자마자 며칠 전에 만들어놓은 무조림을 꺼내서 밥을 반 공기 정도 먹었다. 빈속이 채워지자 몸은 의외로 금방 기운을 차렸고, 병실에서 몸부림치던 지옥 같던 시간들이 약간 머쓱해졌다. 더디 흐르는 초침을 보면서 얼마나 삶을 비관하고 저주를 퍼부었는지 모른다. 조금 나아진 몸이 되고 보니 그럴 필요까지는 없었던 것 같기도 하다. 몸이 금방 나아진 것은 무조림 덕분이다. 무조림을 만들어놓은 며칠 전의 나를 칭찬한다.

피 냄새

지긋지긋한 피 냄새. 팔이나 무릎 같은 데서 이렇게 피가 줄줄 났어도 이런 냄새가 났을까 궁금하다. 피비린내라고만 할 수 없는 악취가 난다. 하루에도 아랫도리 샤워를 네다섯 번은 하는 것 같다. 생리할 때처럼 뭉친 혈이 나오는 건 아니고 그냥 맑은 피다. 생리할 때도 냄새가 있었겠지만 이런 냄새는 아니었던 것 같다. 아니면 비슷한데 내가 지금 과민한 걸지도 모른다.

내일은 지난주 수술 결과를 들으러 병원에 가야 하는데 날짜가 다가올수록 술래잡기하는 기분에서 벗어날 수가 없다. 걱정이 술래다. 빠르고 날렵해서 아무리 내가 열심히 도망가도 속속 잡히고 만다. 잡았다! 걱정이 표정을 가지고 있다면 득의양양한 표정일 것이다.

별이는 지금 오랜만에 위층에 사는 친구가 집에 놀러 와서 즐거운 시간을 보내고 있다. 방 밖에서 만 8세 두 어린이의, 놀이에 대한 엄청난 몰입과 에너지가 느껴진다. 저 소리를 듣고 있자니 그동안 별이가 자기 텐션에 못 미쳐도 한참 못 미치는 어른 둘과 살면서 얼마나 답답하고 지루했을지 조금은 헤아리게 된다.

여기까지 썼는데 못 참겠다. 내가 지금 타인의 괴로움을 헤아릴 처지가 아니다. 샤워를 좀 하고 와야겠다.

심란할 수 있는 시간

원추절제술 검사 결과가 나왔고 이제는 이리 보아도 저리 보아도 어엿한 암 환자가 되었다. 수술 전 MRI 와 CT, 혈액검사 일정과 수술 날짜를 정하고 병원을 나왔다. 검사해보니 암은 아니었네요, 같은 말을 기대한 것도 아니었고, 암이든 아니든 자궁을 도려내야 한다는 것도 기정사실이었고, 암 혹은 암이 될 세포들이 얼마나 퍼져 있는지, 수술은 언제 하며, 자궁을 어디를 포함해 얼마나 절제할지를 들으러 간 거였기 때문에 마음의 준비 같은 건 사실 거의 끝났다고 생각했다. 그러니 '정밀히 말해 암인가 아닌가'는 중요하지도 않다고 생각했다. 하지만 의사 말로 "원추절제술을 해봐야 암인지 정확히 알 수 있는데 보통 선암일 확률은 20프로 정도"라던 그 20프로에 딱 당첨이 되고 보니 이젠 정말 갈 데 없는 암 환자구나 싶어 더 이상해질 것도 없을 것 같던 마음이 싸르르해지면서 조금 무너진다.

그 마음을 붙잡고 좀 조용히 시간을 보내고 싶었지만 심란할 수 있는 시간도 없다. 병원에 동행한 별이가 옆에서 계속 에그불고기버거를 외쳤기 때문이다. 양수리에는 맥도날드가 없으니 모처럼 도시에 나왔을 때 먹어야 한다. 별이에게는 중요한 일이다.

자궁경부암과 에그불고기버거가 인생의 과제로 나란히 놓인다. 드라이브스루로 에그불고기버거를 사서 주니 별이가 차 안에서 햄버거를 순식간에 먹어 치웠다. 내 수술도 그렇게 순식간에 끝났으면 좋겠다.

집에 와서 별이는 『쿠키런 추리·수사 과학상식』편을 가지고 와서 읽어보라고, 너무 재밌다고, 엄마가 꼭 읽어봤으면 좋겠다고, 책을 펼쳐놓고 예쁜 눈으로 나를 봤다. 아, 잠시만 조용히 심란한 시간을 갖고 싶다.

MRI

폐소공포증이 없는 사람이 있다는 게 나는 신기하다. 좁고 움직이기 어려운 곳에서 일정 시간을 가만히 있어야 한다는 것이 어떤 사람들에게는 정말 괜찮다고?

　나는 심할 때는 미용실에서 머리도 못 감았다. 미용실에서 샴푸하는 시간이 가장 좋다고 말하는 지인의 얼굴을 부럽게 바라본 적이 있다. 나는 집에서 내가 감겠다고 하고 그냥 나온다. 하지만 파마나 염색을 하려면 어쩔 수 없이 샴푸를 맡겨야 하니 미용실에 들어서는 순간부터 머리 감을 일을 걱정한다. 정신과에서 준 비상 약을 먹으면 좀 나은 것도 같았다. 약 없이 자연스럽게 넘어갈 때도 있었다. 하지만 늘 불안하다. 그분이 언제 오실지 모르고 낌새가 느껴진다 싶으면 그 뒤로는 순식간이다. 전혀 통제가 되지 않는다. 어떻게든 더 심해지지 않기를 바라며 숨을 쉬고 노력을 하다 보면 온몸에 식은땀이 맺힌다. 그 밖에 내가 공황장애를 겪는 상황은 (대개 누군가와 단둘이) 대화할 때나(갑자기 상대방의 말소리가 멀어지고 흐릿해지면서 숨을 쉴 수 없다) 혹은 비좁은 강의실이나 버스의 안쪽 자리, 영화관이나 극장의 한가운데 자리에 앉았을 때이다.

공황과 오래 함께 살았다. 고등학교 3학년 때인가 학원 강의실에서 숨을 못 쉬고 쓰러질 뻔했던 경험, 그렇게 첫 공황을 겪은 지 몇 달 지나서야 신문의 한쪽 귀퉁이에서 공황장애라는 작은 글씨를 읽었다. 그리고 그때 설명할 수 없었던 일이 이 네 글자로는 설명이 되고 있다는 것에 크게 안심했다. 그때의 일이 내가 인내심이 부족하고 이상해서 벌어진 아주 특이한 일인 줄로만 알았기 때문에, 적어도 이런 증상을 가진 사람들이 많이 있고 그래서 이렇게 이름까지 지어진 질병이라는 사실이 나에게 얼마나 안정감을 주었는지 모른다.

그 뒤로 정말이지 친구처럼 잘 지냈다. 나는 이런 사람이오, 하고 미리 말해놓는 것이 중요하다는 요령도 알게 되었지만 처음 간 미용실에서 나는 공황장애가 있으니 샴푸를 하는 중에 불편하면 손을 들게요, 라고 말하는 건 생각처럼 쉽지 않았다. 입이 유난히 잘 안 떨어지는 데다 이젠 정말 괜찮아진 것도 같아서 미리 언급 없이 샴푸 의자에 앉았다가 호흡 곤란이 와서 벌떡 일어난 적이 있다. 그때 미용실 선생님이 많이 놀란 것 같지는 않았다. 아마 그런 손님들이 종종 있나 보다. 요즘에는 인식이 많이 개선되어서 이런 증상을 남몰래 간직할 필요는 없게 된 것이다. 어딜 가든 "제가 공황장애가 있어요"라고 말을 하면 다들 이해했다. 치과에서도, 마사지 숍에서도, 극장에서도. 그래서 정말 언젠가부터 노프라블럼! 문제 없이 살았다.

자, 그런데 MRI다. 하루 종일 나도 모르게 한숨이 팍 팍 나온다. 내일 오후다. 나는 어떡하지. 너는 어떡하니. 세상에. 그걸 할 수 있겠니. 지금 자궁을 자를 판에 그게 문제니. 그래, 그게 문제다. 나는 이게 더 무섭다. 아니야, 괜찮아, 다들 하는 거야, 잘할 수 있어. 근데 어쩌지, 나 어떡하지. 세상에… 할 수 있겠니. 당연히 하지, 지금 그 게 문제니…. 속으로 하루 종일 횡설수설하고 있다.

정말 예상을 못하겠다. 내일이 되어 봐야 알겠다. 드 라마에서 MRI 촬영 장면이 나오면 눈을 감기도 했다. 좀 비가 나와서 머리통을 막 뜯어내는 건 초롱초롱한 눈으 로 볼 수 있지만 사람이 누워서 그 기계 터널로 들어가는 장면만큼은 너무 무섭다니. 이런 생각도 했다. 밤을 꼴딱 새는 거야. 잠 고문을 스스로 하는 거지. 안 재워주고 졸 립게 해놓으면 검사대에 누웠을 때 기계에 몸이 착 감기 지 않을까? 나쁘지 않은 전략인데 지금 내 눈이 3분의 2 가 감긴 이 상태로는 안 될 거 같다. 이미 수면약도 먹었 고. 아무튼 내일 아침 6시부터 금식이므로 새벽 5시에 일어나 밥을 든든히 먹고 더 생각해보겠다. 일단 오늘은 잘 시간이다.

이럴 때도 있다

요가를 하고 있는데 자고 있는 줄 알았던 별이가 와서 내 옆에 눕는다. 요가 동작을 따라 하는 것 같았는데 다시 보니 코딱지를 열심히 파고 있다. 진지하게 열중하는 모습에 코딱지 먹지 말라고 말하고 싶은 걸 그냥 참고서 요가를 계속했다.

일을 다 끝낸(코딱지는 입으로 들어간 것 같다) 별이는 다시 동작을 따라 하면서 끝없이 말을 걸어왔다. "이 동작이 맞아요?", "엄마, 나 좀 봐줘요."(아쉬울 때 갑자기 존댓말을 한다) 오늘 요가는 다 했구나 생각했다. 어떻게 시작한 요가인데.

아까 별이 양치질을 도와준 후에 소파에 잠깐 누웠다가 못 일어났다. 이제 요가를 할 시간이라고, 요가를 하면 너무 좋을 거라고… 속으로 생각하면서 내 몸이 내 것이 아닌 기분으로 쇳덩이에 꾹 눌린 듯 소파에 붙어 있었다. 눈을 깜빡이는 것도 무겁고 힘이 들었으므로 몸을 일으키는 것은 도저히 불가능한 일처럼 느껴졌다. 얼마나 그렇게 있었는지는 모르겠다. 살살 마음을 달래가며 결국 일어났더니 소파에서 떨어져 나온 것만으로도 스스로가 너무 자랑스러웠다.

하룻밤을 안 자고 버틴 여파다. MRI 검사가 너무 두려운 나머지 결국 밤을 새웠다. 너무 졸린 상태로 깨어 있다가 기계 안에 들어갈 때 완전히 기절한다는 내 작전이 성공을 한 건지, 그냥 진정제 주사 덕분인지 자다 깨다 하면서 별일 없이 검사를 마쳤다. 그러고선 오늘까지 정신을 못 차리고 있다. 몸을 혹사시켜가며 성공했지만 얼마나 뿌듯했는지 모른다. 요즘은 이런 일에 큰 성취감을 느끼며 살고 있다. 소파에서 몸 일으키기. 병원 기계 안에 들어가서 (가만히 있으면 되는) 검사 받기.

어제는 연말정산에 필요한 가족관계증명서를 떼러 면사무소에 다녀왔는데 그 작은 일과를 하나 마친 게 얼마나 보람차던지. 이럴 때도 있다. 삶이 이렇게 쪼그라들 때도 있는 것이다.

어서 왓, 긍정왕

편한 사무용 의자 하나를 예전부터 눈여겨봐두었는데 인터넷으로 사는 게 불안하다. 직접 앉아봐야겠어! 과감히 외출을 감행하여 매장으로 가보기로 했다.

역시 확실히 앉아보고 사는 게 맞는 것이다. 인터넷으로라면 전혀 살 것 같지 않았던 의자를 샀고 2백 프로 만족스러웠다. 30만 원. 큰 지출이었다. 지금 이 글을 타이핑하면서 내 몸을 단단히 지지해주는 의자의 탄성을 느끼고 있고 적지 않은 지출이지만 후회가 없다.

다음 일정은 미용실. 언젠가 목왕리 시골길을 지나며 분위기 있게 자리한 미용실을 봐두었는데 오늘 드디어 가보았다. 머리를 어떻게 할지 상담하면서 "제가 한 달 넘게 병원에서 요양을 해야 해서요. 머리가 이대로 쭉 길어도 지저분해지지 않는 커트로 부탁해요"라고 말했고 어디가 아프냐는 질문에 웃으며 "암이에요, 암!" 이라고 말했다.

나도 내 목소리를 들은 후에 알았다. 내가 매우 경쾌한 목소리로 "암이에요"를 발음하고 있었다는 걸. 디자이너 선생님이 당황하며 이렇게 쾌활하게 암이라고 말하는 사람은 처음 본다고 했다. "치료가 가능한 암이니까요. 수술도 할 수 있고…. 더 안 좋은 사람들도 많고. 저는 너무 운이 좋은 거죠…. 처음엔 저도 울고 막 그랬는데 차분히 생각해볼수록 고마워할 게 더 많다는 생각이 들어요." 나도 모르게 긍정을 파는 영업사원 같은 말을 하고 있었다.

실제로 내가 요즘 많이 하는 생각이기도 했는데 밝게 웃으며 낯선 이에게 이런 말을 하고 있자니, 사실은 내가 정말 타고난 긍정왕은 아닐까 하는 생각이 들었다. 고등학교 시절만 떠올려봐도 나는 심각하게 낙관적인 아이였다. 어떤 상황에서도 긍정력을 발휘해서 웬만해서는 좌절하지 않았다. 성능 좋은 용수철처럼 고꾸라져도 뛰용 하고 바로 올라왔다.

세월이 흐른 탓도 있고, 페미니즘을 만나면서 탄탄했던 용수철이 점점 늘어지고 축축 처지고 그 사이를 비집고 냉소와 독, 비관과 무력감이 턱턱 쌓이고 긍정 같은 건 다 개나 줘버려라 하는 상태가 되긴 했지만, 본래의 나는 엄청난 긍정인이었던 것이다. 이제 그때의 나를 찾을 때다! 어서 왓, 많이 기다렸어. 그동안 어디 있었니. 어디 쭈그리고 앉아 있었니.

파마한 머리가 나는 몹시 흡족했는데 별이는 멋이 없다고 했다. "엄마!!! 멋없어!!!" '멋있다'의 반대말이 '멋없다'일 거라고 생각했을 별이의 언어 처리 과정을 생각하니 귀여워서 웃음이 났지만 상대방의 외모에 대해 예의 없이 말한 것에 대해서는 단호하게 짚어줬다. "다음에는 이렇게 말해. 오, 엄마 머리 새로운데!" 별이는 계속그래도 멋없다며 저리로 도망을 갔다.

발바주기 쿠폰

매일 새벽 3시 언저리에 잠이 깬다. 수술 날짜가 다가오니 불안해서일까. 수면약이 듣지 않는 것 같다. 그래도 오늘은 5시에 눈을 떴고 평소보다 두 시간쯤 더 잤다고 한결 푹 잔 느낌이다. 두 시간이나 통잠을 더 잘 수 있었던 건 별이 덕분이다.

어제 저녁. 몸이 너무 무거웠고 몸의 모든 부위들이 하나같이 불쾌하게 걸리적거렸다. 요가를 하려고 매트에 누웠는데 내 몸이 전혀 느껴지지도 않았다. 그냥 하나의 덩어리가 툭 하고 땅바닥에 엎어져 있는 것 같았다. 나한테 손가락이랑 발가락 같은 게 있나 싶게 내 몸이 그냥 큰 덩어리로만 느껴졌다. 그대로 그냥 누워 있자니 계속해서 밀려드는 불쾌한 감각과 감정…. 지금 나는 내 몸을 혐오하고 있구나, 담담하게 알아차렸다. 요즘 유난히 피곤하고 묵직하고 멍해지는 몸을 견디면서 가볍고 날렵한 몸을 그리워하고 선망한 나머지 지금의 내 몸 상태를 외면하고 싶고 미워하게 된다. 그러면 안 되겠지만, 그럴 법도 한 일이다. 이런 날도 있는 것이다.

요가 영상을 틀었다. 편하게 할 수 있는 폼롤러 요가로 골랐다. 폼롤러에 발을 얹고 상체의 무게를 실어 편안하게 몸을 늘리는 동작부터 시작했다. 강사는 상체에 억지로 힘을 실을 필요 없이 발에 몸을 툭 얹어보라고 했고, 그 동작을 따라 하다가 왈칵 짜증이 밀려왔다. 눈물을 참는 심정으로 터져 나오는 짜증을 삼키며 왼발, 오른발 동작을 따라 했다. 몸은 그만 멈추라고 신호를 보내고 있었는데 나는 오기가 생겨서 영상을 끝까지 따라 하려고 했다.

"힘을 빼세요", "힘을 툭, 빼보세요", "억지로 힘주지 않으셔도 돼요". 평소 같으면 도움이 되었을 강사의 멘트들이 하나같이 신경을 건드렸다. 힘을 빼라는 주문이 터무니없게만 느껴졌다. 나는 영상을 그대로 틀어둔 채 내 몸을 혼자 마사지하기 시작했다. 내 몸을 느끼고 알아야 했다. 손이 어디 있는지, 발이 어디 있는지, 겨드랑이, 어깨, 목, 고관절, 허벅지, 발바닥 등등을 하나하나 느끼고 싶었다. 힘을 빼라는 말 앞에 무력하게 그냥 버티고 있는 몸 여기저기를 살펴보고 풀어줘야 했다.

눈물이 나올 것 같은 기분으로 한참 목 주변을 손가락으로 뱅뱅 돌리고 있을 때였다. 별이가 방문을 열고 들어왔다. "엄마 요가해?" 여전히 눈물을 참는 심정으로 대답했다. "응, 근데 엄마 요가가 잘 안 돼. 나 밟아줘." 별이는 놀아야 한다고, 미안하지만 시간이 없다고 했다. 하지만 나에게는 얼마 전에 별이가 만들어준 열두 장의 쿠폰이 있었고 그중에 '발바주기 쿠폰'도 있었다. "나 쿠폰 쓸게! 밟아주기 쿠폰!" 별이는 놀던 장난감을 내려놓고 후

한숨을 쉬더니, "쿠폰을 쓴다면 약속을 지켜야지" 하고 내 몸 위에 두 발로 중심을 잡고 섰다.

별이 발바닥이 내 손바닥부터 팔을 지나 겨드랑이, 쇄골 아래 윗가슴까지 꼼꼼하게 왔다 갔다 했다. 별이는 한참을 밟아주다가 "이제 끝!" 하고 내 몸을 일으켜줬다. 목과 머리를 받쳐서 위로 올려주었는데 머리에 별이 손바닥이 닿자 그 느낌이 너무 좋았다. "아, 머리를 받쳐주니까 너무 시원하다!" 별이는 그 말을 듣고 내 머리를 더 만져주었다. 정수리 부분을 힘줘서 긁어주기도 하고 귀 옆머리를 마구 헝클이듯 문지르기도 했다. 별이 손이 지나가는 모든 자리가 갑자기 활기를 찾는 느낌이었다. 나는 그 순간이 너무 소중해서 눈을 꼭 감고 끝나지 않기를 기다렸다.

"자, 이제 끝! 다음에 또 해줄게." 별이가 다정하게 말했다. "근데 나 오늘 머리 안 감았는데. 냄새 안 났어?" "괜찮아. 냄새 안 났어. 다음에도 또 해줄게! 다음에는 샴푸를 묻혀가지고 해줄게."

별이는 밤이 되면 부쩍 다정해진다. 별이의 다정함과 25킬로그램의 무게를 조심스럽게 실은 별이의 두 발과 내 머리를 지나간 별이의 두 손 덕분에 나는 내 몸을 다시 찾은 기분으로 잠이 들었다.

그렇게 아침까지 개운하게 푹 잤으면 좋으련만 새벽에 깨서 글을 쓰고 있다. 아, 밤부터 아침까지 개운하게 자보았으면.

시절의 끝

> 나는 집에 대해 쓰려 했으나 시절에 대해 썼다. 내가 뭔가를 알게 되는 때는 그것을 잃어버렸을 때이다. 현재의 집이 가진 의미를 깨닫는 것도 이곳을 영원히 상실한 다음일 것이다. 아직 이 집은 한 시절이 되지 않았다.
>
> ─『친애하는 나의 집에게』(하재영, 라이프앤페이지, 2020, 198면)

양수리에서의 한 시절이 끝나가고 있다. 사람과 헤어지는 것만큼이나 슬프고 아릿한 것이 한 시절과의 이별이라는 것을 점점 깨닫게 된다.

애초에 나는 양수리에 1년 동안만 머물 계획이었다. 별이와 동거인은 계속 여기서 지내고 나는 몸을 좀 회복한 후에 서울에 새로 발령받은 학교 근처로 집을 얻어 복직할 계획이었다. 이후로는 주말에만 별이를 만날 수 있으니 여기서 보내는 별이와의 모든 시간이 특별하고 애틋했다.

나는 여기서 얼마나 회복했나. 처음 왔을 때보다 분명히 많이 좋아졌는데도 암을 선고받으니 어쩐지 다시 원점으로 돌아간 것만 같다. 내가 가장 잘한 것은 양수리에서의 시간을 기록한 일이다. 그러니 이 시절이 망각 속으로 빨려 들어갈 수는 없을 것이다. 봄기운이 일렁이던 2월 말에 이사를 와, 여기서 사계절을 보낼 생각에 설렜고, '양수리'와 '열두 달'이라는 낱말이 서로 잘 어울린다며 블로그 이름 잘 지었다고 혼자 흐뭇해했다.

블로그에 한 해 동안 2백 개의 글이 쌓였다. 적지 못한 이야기, 흘러가버린 순간들이 훨씬 많았다. 깊고 성실하게 흐르는 강물 같은 시간을 다 길어올릴 수도 없을뿐더러, 나는 몸이 쉽게 지치고 피곤해졌고 학교에 몇 번 못 나가게 된 별이는 나를 쉴 새 없이 찾았으므로 당연했다. 그럼에도 그냥 흘려보내기엔 너무 아까운 시절이라는 것을 매일 생각했고 뭔가를 계속해서 간절하게 쓰고 싶었다.

집 앞에는 아름다운 북한강과 너른 공원이 있었고 말이 통할 만큼 자란 별이는 어느 때보다 명랑하고 사랑스러워서 함께 산책하며 보낸 시간들은 만 7년의 육아 노동에 대한 충분한 보상이 되고도 남았다(그래도 많이 놀아주지는 못했다. 육아란 아이를 향한 충만한 마음이 놀아주기 노동으로 바로 연결되지는 않는 복잡 고단한 노동인 것이다!).

이 시절이 끝나간다는 것이 왈칵 서럽다. 시절이 시작되었을 때 만들고 시절이 한창이었을 때 의욕적으로

썼던 블로그에 그래서 이제는 별로 들어가고 싶지가 않다. 마무리를 해야 한다는 것이 쓸쓸한가 보다. 아직은 추억의 자리에 안착될 수도 없고 현재가 되기에는 풍경의 끄트머리에 밀려 서게 된 시간이, 가뿐하게 목적한 바를 이루지도 못하고 좀 더 건강한 몸이 되지 못한 채로 이곳을 떠나게 되었다는 사실이, 나는 서러운 것 같다.

며칠 전에 서울에 집을 계약했다. 나 혼자 살기 딱 적당한 아주 작은 집이다. 새로 발령받은 학교로 걸어서 출퇴근이 가능하다. 바로 복직은 못하겠지만 그렇다고 한없이 병가를 쓸 수도 없어서 앞으로 어찌 될지 분명하지 않다. 수술 후 경과를 봐야 알 것이다. 분명한 건 양수리에서의 한 시절이 끝나가고 있다는 것이다. 내가 너무 감상적인가 싶어 좀 가볍게 생각하려 해봤지만 살면서 어떤 시절을 떠나보내고, 다시 돌아오지 않는 어떤 시절을 떠올리는 일을 많이 경험한 바로는 이렇게 아름답고 충만했던 시절이 끝나간다는 것은 아주 서러워할 만한 일이 분명하다.

내 정신의 마당을 찾아서

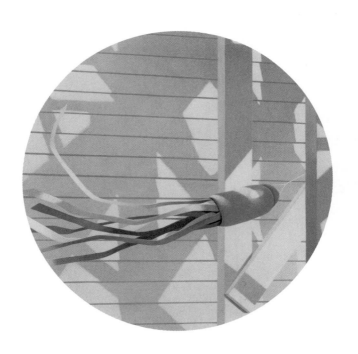

정말이지 너무나도 맛있고
건강한 미역이었습니다

어제 오래 알고 지낸 선생님에게서 전화가 왔다. 오지랖인 거 같지만 미역이 자궁에 좋다고 하니 꼭 먹었으면 좋겠다 말하고 싶었다는 것이다. "오지랖 환영이에요! 오지랖 다 부려주세요!" 나는 전화기 너머로 전해지는 마음이 고마워서 크게 웃으며 말했다. 짧지 않은 통화를 마치고 카카오뱅크로 10만 원이 입금되었다. 미역값이라고 했다. 미역값이 너무 많다고 답장을 보내니 많이 먹으라고 해서 그냥 염치 불구하고 받기 버튼을 눌렀다. "잘 먹을게요! 먹고 인증 샷 올릴게요!" 메시지를 보내면서 다짐했다. 미역국을 맛있게 끓여서 상차림을 한 후에 인증 샷을 보내리라, 두 번 세 번 보내리라. 왜 이렇게 세상은 따뜻한지, 왜 이렇게 좋은 사람들은 많은지. 나는 머릿속에 뭉실뭉실 미역을 떠올리며 잠이 들었다.

하지만 오늘 산책길 동네 옷가게에서 겨자색 꽃무늬 거즈면으로 된 셔츠와 초봄에 입기 적당한 두께의 갈색 솜누빔 재킷을 봤을 때, 그리고 그 두 벌의 가격이 공교롭게도 10만 원이라는 것을 알았을 때, 어차피 자궁은 떼어내고 말 것인데 자궁에 좋은 미역을 먹어서 무엇 하겠느냐는 생각이 들고 말았다. 꽃무늬가 너무나 봄, 봄, 봄을 외치고 있었고 거즈면이 말랑말랑하고 포근해 보였다. 솜누빔 재킷은 아주 가벼웠다. 적당히 쌀쌀한 날씨에 입을 만한 겉옷이 없어서 오랫동안 고민을 했다. 그냥 하나 사면 될 것을 이상하게 안 사게 되고 고민만 하고 살았다.

걸쳐보니 아주 마음에 들었다. 이렇게 옷가게에 들어와서 옷을 직접 입어보는 게 얼마 만인지 모르겠다. 살 것인가 말 것인가 망설이면서 옷을 걸친 채로 사장님과 동네 이야기, 아이 학교 이야기 등등 한참 수다를 떨다 결심했다. 그래. 이것이 바로 진정한 '미역'이다!

새 옷을 입은 채로 집으로 돌아가서 원래 입고 온 옷을 놓고 다시 집 밖으로 나섰다. 오늘의 날씨와 기분에 꼭 어울리는, 이보다 더 잘 어울릴 수는 없는 옷이었다 (당연하다! 오늘 샀으니까!). 미역값으로 만 보는 걸어야 한다고 다짐했고 청량하고 설레고 고맙고 즐거운 기분으로 만 보를 채웠다! 앞으로 아주아주 오랫동안 이 옷을 입을 것이다. 그때마다 오늘의 이 기분을 떠올릴 수 있다면 좋겠다. 오늘의 즐거운 산책과 근사한 옷과 이 옷을 입을 때마다 떠올리게 될 즐거운 기분을 미역값으로 산 것이다. 정말이지 너무나도 맛있고 건강한 미역이었습니다.

입원 전날

내일 입원을 하고 모레 수술을 받는다. 오늘을 기다렸던 것 같기도 하고 아닌 것 같기도 하다. 원래 예정되었던 수술 일정이 연기되면서 고무줄처럼 팽팽했던 긴장감이 잠깐 풀렸다가 다시 돌아왔는데 한번 느슨해진 줄이 다시 팽팽해지려면 처음보다 더 센 힘이 필요했던 건지 나는 그때보다 더 긴장을 한 것 같았다.

일주일 전부터 목과 어깨가 완전히 돌덩이가 되어 어떤 요가 동작을 해도 풀리지 않았다. 목 옆선을 따라 극렬한 통증이 왔고 어깨 결림, 허리의 경직까지 겹쳐 대체 어떻게 이 몸뚱이로 수술을 받고 회복을 할지 전혀 짐작도 되지 않았다. 파스를 덕지덕지 붙이면서 버텼는데 파스를 붙인 자리에 피부 트러블이 심해져 그것도 못했다. 뭘 해도 안 될 것 같고 무력해져서 이대로 사라지고 싶다는 생각을 자주 했다. 왜 이런 고통을 이고 살아야 할까, 묻고 또 물었다. 그렇게 느닷없이 진지하고 고통스러운 질문을 하고 앉아 있을 때마다 별이가 보였기 때문에, 그리고 눈앞의 별이가 너무 귀엽고 사랑스러웠기 때문에, 나는 다른 길을 찾아야 했다.

수술을 앞둔 긴장감에서 비롯된 증상인 것은 틀림

없어 보였지만 마음의 문제라고 생각하니 더 어려운 것일지도 몰랐다. 나는 암 환자 이전에 만성어깨질환자니까 이 모든 고통이 수술 전 긴장감에서만 비롯된 것은 분명히 아니다. 이건 그냥 몸의 일이기도 하다, 몸의 일.

그동안 몸의 움직임과 함께 마음을 수양하는 데 많은 도움을 주었던 요가 영상들 대신 어깨 결림, 어깨 통증, 승모근 강화 등으로 검색해서 필라테스나 물리치료 영상을 따라 했다. 호흡 같은 것도 의식하지 않고 아무 생각 없이, 그러니까 생각을 비워야 한다는 생각 같은 것도 없이 그냥 물리치료사나 필라테스 강사가 하라는 대로 단순한 동작을 반복했다. 링크를 타고 5분짜리 짧은 영상들을 전전했다. 비슷한 동작도 많았는데 그냥 다 했다. 그러고 나니 몸이 가벼워졌다.

몸이 마음에 종속된 것처럼 굴지 않으려고 노력한 지는 꽤 오래되었는데도 아직도 나는 몸이 아프면 내가 내 마음을 보살피지 못해서 이렇게 되었다는 자책감을 느끼는 것 같다. 그래서 마음을 먼저 어떻게 하려고 하다가 몸과 마음이 다 같이 더 무겁게 가라앉아버린다. 몸의 증상이 마음과 결부되어 있는 것은 부인할 수 없는 사실이겠지만 때로 몸은 그냥 몸의 말을 한다. 보이지 않고 심오한 마음의 어떤 메시지를 전달하는 도구로서의 몸이 아니라 그저 어떤 움직임을 필요로 하는 몸일 수도 있는 것이다.

그렇게 어깨 통증이 상당히 나아진 상태에서 다시

요가를 해보니 몸이 내 말을 조금씩 듣는 것 같았다. 굳은 근육들이 부드럽게 풀리는 게 느껴졌다. 허리의 경직도 사라졌다. 그렇게 그제부터 오늘까지 사흘째, 저녁마다 즐겁고 평안한 마음으로 내가 제일 좋아하는 요가 시퀀스를 했다.

방금 전, 요가를 마치고 땀을 닦고 일어나면서 생각했다. 내일 입원을 하고 며칠간 고생할 때 지금 이 느낌이 그리울 거라고. 내가 내 몸을 정성스럽게 움직여서 땀을 내고, 경직된 부위를 풀어주는 이런 시간이, 어깨와 목 주변이 시원해지고 뻣뻣했던 골반과 종아리가 부드럽게 늘어나며 편안해지는 느낌이, 힘을 줘서 지탱할 때 몸이 단단해지는 듯한 느낌도.

그러니 어서 수술을 마치고 조용히 그런 나만의 시간을 다시 가질 수 있으면 좋겠다. 그날이 분명히 올 텐데 지금 같아선 도저히 올 것 같지 않은 기분이다. 혹시라도 그날이 오면 오늘이 가물가물해지겠지 싶어서 입원 전날에 내가 무슨 일을 하고 무슨 생각을 하며 하루를 보냈는지 기억이 나는 대로 적어본다.

1. 입원 준비

입원 준비를 하는 게 너무 귀찮고 싫었는데 막상 시작하니 세면도구와 속옷과 수건, 화장지, 실내화, 충전기, 에어팟 등을 하나하나 체크하면서 가방을 싸는 것에 아주 열중하게 되었다. 며칠 떠나고자 짐을 싸는 일은 이유가 무엇이건 설레는 일이란 말인가.

열중해서 짐을 싸는데 아래층 아이들이 소리 지르는 게 들려온다. 밤에만 이렇게 소리를 지르는 건지 낮에도 지르는데 낮에는 내 생활에 열중하느라 안 들리는 건지 문득 궁금했다. 아래층은 신생아까지 포함해서 아이가 셋인데 밤마다 우리에게 엄청난 소음과 열기를 전달한다. 아이들의 소음은 사실 별로 신경 쓰지 않고 살 수 있는데, 우리가 이사 온 날 아래층에서는 우리의 이사 소음이 너무 시끄럽다고 민원을 넣었다. 저렇게 시끄럽게 살고 있으면서 어떻게 그럴 수가 있었을까.

2. 옷 정리

입원 짐을 다 싸고 나니 별이 짐을 싸는 일이 남았다. 내가 입원해 있는 동안 계절이 바뀌는 것에 대비해 옷을 꺼내놓고 수술할 동안 친구 집에서 지낼 별이의 속옷과 잠옷 등을 챙겨두어야 했다. 왜 아이 옷을 계절별로 정리하고 입히는 일이 나의 몫이 되었지? 공동 양육자와의 여러 가지 업무 분담에 대해서 생각했다. 내가 아이의 빨래를 신경 끄고 사는 것, 아이의 밥을 동거인이 주로 챙겨 먹이는 것 등을 떠올리며 평상심을 유지해보았다.

3. 옷 주문

별이가 쑥 커서 130사이즈의 옷이 잘 안 맞게 되었다. 나는 입원 전날이라는 심란한 사실을 직면하지 않기

위해 아침 반나절을 당근마켓에서 아이가 입을 봄 바지
와 재킷을 사는 데 바쳤다. 그냥 되는 대로 샀더니 바지
를 너무 많이 사고 말았다. 별이는 이제 바지 부자다.

4. 코로나 검사

아침에는 입원 전 코로나 검사를 받으러 병원에 다
녀왔다. 기다란 면봉을 코에 깊숙이 찔러넣는다는 이야
기는 들었는데, 그것이 진짜로 내 코를 찌르는 순간 나는
정말 깊이 넣는구나 하는 생각과 함께, 그렇지만 생각보
다 싱겁다는 생각을 했다. 아주 잠깐만 참으면 되는 것이
었다. 저녁에는 코로나 음성 결과가 문자로 왔다.

5. 독서

『배움의 발견』이라는 책을 어제 다 읽었는데 하루
종일 그 내용이 떠나지 않았다. 앉은자리에서 홀린 듯
이 읽어버린 까닭은 그 이야기가 너무 나의 이야기로 느
껴졌기 때문이다. 물론 고통의 농도는 확연히 차이가 나
겠지만 조현병, 조울증을 갖고 있으며 가족들을 조종하
는 광신도 아버지의 행동과 거기에서 비롯되는 가족들
의 고통이 나에게는 너무나도 익숙했다. 내가 경험한 모
든 것이 조금 폭력적이긴 해도 '정상성'의 범주에 있을
거라고, 그래서 내가 다른 이들과 많이 다르지 않을 거라
고 스스로를 안심시키려고 했던 노력까지도. 그러나 어
쩔 수 없이 다른 이들과 나 사이에서 느껴지는 확연한 경

계 앞에서 위축되고 작아졌던 시간들까지도. 그걸 극복해내는 과정까지도.

그 모든 폭력과 학대가 도저히 믿기지 않는다며 놀라거나, 어떻게 이럴 수 있지, 라며 충격을 받을 수가 없었다. 그것은 내 이야기였다. 나는 내 이야기를 그렇게 쓸 수 있을까. 저자는 계속해서 여러 기억을 되짚고 확인하고 다시 타인의 시각에서 한 번 더 진술하기를 반복한다. 나는 그 노력이 얼마나 대단한 것인지 안다. 싫거나 끔찍했던 일들은 정말로 기억에서 사라지니까. 나는 대부분 다 필름을 끊어버리듯이 단절시켜버려서 아마 그런 글은 쓰지 못할 것이다.

사실 그 책만으로도 충분했다. 내 유년 시절의 많은 일들이 환기되면서 조금 시달리듯 기억들을 떠올렸는데 그게 괴롭거나 고통스럽지 않았다. 과거보다는 현재의 연결감(도저히 내 언어로는 말할 수 없던 것들이 다른 사람의 글을 통해 두꺼운 책 한 권 분량으로 설명되어 있다는 그 연결감)과 미래에 대한 기대가 나에게는 더 컸다.

아무튼 책이 읽힌다는 것은 내 상태가 아주 나쁘지 않다는 뜻이다. 아주 오래 걸려서 알게 되었다. 나의 증상의 바로미터는 독서의 가능 여부라는 것을. 그러니 나는 요즘 아주 괜찮은 것이다. 한편, 독서 노트를 기록하는 것에 얼마간 재미를 들였는데 며칠 새 피시식 식어버렸다. 금방 식어버리는 어떤 열기들은 참 스스로 보기에도 무색하다. 다시 기록해보겠다.

6. 환불

충동적으로 샀던 롱보드를 오늘 환불했다. 점원은 "사장님이 판 거 같은데 왜 하필 내가 있을 때 환불을 하세요" 하면서 울상을 했다. 미안하지만 저는 암 환자예요, 내일 모레 수술을 받는걸요, 하고 속으로 생각했다.

7. 저녁 산책

입원하고 수술하는 등의 지난한 일들을 떠올리기 싫어서 오늘은 잡스럽게 이런저런 일을 많이 했다. 별이가 저녁에 킥보드가 타고 싶다고 해서 세미원까지 가서 운동장을 다섯 바퀴 넘게 돌았다. 나는 달리고 별이는 킥보드를 탔다. 돌아오는 길에 북한강이 반짝거렸다. 새로 산 봄 잠바를 입고 두 손으로 킥보드를 잡고 끌면서 걸어가던 별이까지 더해 너무 근사한 풍경이었다.

8. 통화

별이 담임선생님과 통화를 했는데 너무 다정하고 밝고 사려 깊은 분이었다. 담임선생님의 다정함에 왜 이렇게 황송해지는지 모르겠다. 고마워서 눈물이 날 정도였다. 별이가 1학년보다는 2학년의 학교생활을 더 즐거워할 거라는 확신이 든다.

오늘은 이런 날이었다.

왜 자꾸 생각이 나지

너무 아프다. 꼼짝도 할 수 없는 게 더 힘든 것 같아서 답답한 마음에 움찔거려보다가 역시 아픈 게 더 힘들지 하며 관두었다. 진통제를 너무 많이 맞으면 지난번처럼 구토와 메스꺼움이 심해질까 봐 무서워서 메스꺼움과 통증 중에 뭐가 더 힘든가 상상의 겨루기를 한다. 둘 다 겪어본 바로는 통증이 훨씬 낫지 싶은데 메스꺼움은 상상이고 통증은 현재니까 지금 당장 괴로운 게 먼저 아닌가 했다가, 메스꺼워 봐야 정신을 차리지 싶어서 이성을 총동원하여 참는다.

그 와중에 왜 이렇게 제왕절개하는 여성들 생각이 많이 나는지 모르겠다(나는 운이 좋아 수월하게 질출산을 했다). 겨우 복강경 수술로도 이렇게 아프고 괴로운데 배 가르고 자궁 가르고 그걸 임신 10개월을 유지한 상태에서 겪어야 하고 거기다 옆에는 신생아가 있다니. 그리고 그 앞에는 끝이 잘 안 보이는 독박육아가 있는 경우도 많지. 이 몸으로… 그 몸으로….

그러니 그건 정말 엄청난 생의 의지인 것이다. 아이랑 같이 생존해주는 것만으로도 그냥 너무너무 대단한 것이다. 태교고 모유고 캥거루케어고 뭐고 다 헛소리. 암만 생각해도 너무 대단한 것이다. 내 주변에 그렇게까지 엄청난 영웅들이 있었다. 도처에. 아니 진짜 얼마나 힘들었다는 말인가. 힘들다고 알고 있으면서도 사실 잘 몰랐다. 왜 자꾸 생각이 나지. 힘들게 출산한 친구들 얼굴이 왜 이렇게 떠오르지. 그리고 힘들고 아파 죽겠으면서도 병원에서 항생제와 진통제를 맞고 케어받으며 암세포를 떼어낼 수 있다는 것이 자꾸 떠올라서 이건 기적이다, 정말 고마운 일이다, 이러고 있다. 아무리 힘들어도 지금 나는 고맙고 기쁜 일을 찾고 있다!

어제는 관장하는데 너무 배가 아팠고 CT 찍고 제모하고 등등 바쁜 사이에도 드라마 〈빈센조〉를 보면서 즐거웠다. 그러니까 수술한 부분은 아파 죽겠고, 몸을 들썩이지도 못하고 열세 시간째 가만히 누워 있으니 허리 아프고, 금식해서 배고프고, 목구멍이랑 입속이 사막 같아 물 먹고 싶고 그런 상태에서도, 작게 작게 기쁘고 즐거운 순간이 분명히 있었다.

지금도 아프지만 고마운 마음을 가지고 있다. 내일이면 다 지나갈 거야. 근데 배 아픈데 목이 간지러운 건 정말 잔인하다. 기침하면 너무 아프다.

바로 이 자리에서

수술이 끝나고 아팠던 걸 떠올리고 있다.

수술한 날 밤에는 너무 괴로워서 눈을 뜬 채로 날이 샜다. 아침 6시부터 물을 마실 수 있었기 때문에 어두운 병실 비좁은 침대에 누워 6시가 되기만 기다렸다.

가장 괴롭고 참을 수 없었던 게 목마름이었던 것 같다. 다음으로 움직일 수 없는 것, 수술 부위 통증, 배고픔 순이었을 것이다. 아래로는 소변 줄이 매달려 있고, 아랫배에 난 네 개의 수술 구멍 중 하나에는 피 주머니가 달려 있었다. 찌그러뜨려놓은 피 주머니 속으로 몸속의 핏물이 흘러가면 피 주머니가 점점 동그랗게 원래의 모양을 찾았다. 그러면 간호사님이 와서 빨간 물을 쪼르륵 따라내고 다시 피 주머니를 푹 찌그러뜨린 다음에 연결했다. 팔에는 수액과 진통제를 넣는 링거 줄을 달고 있었다. 그러니까 내 몸에 세 개의 줄이 연결되어 있었다. 어차피 수술 부위가 아파서 움직일 수도 없었지만 몸에 기다란 줄들이 주렁주렁 매달려 있다는 것만으로도 꼼짝없는 신세였다.

징글징글했다. 그 모든 순간이 나를 돌아버리게 만들었다. 왜 이런 고통을 참아가면서 살아야 하는가, 대체 왜 이렇게까지 살아야 하는가, 묻고 있었다. 아프지 않을 때는 필요가 없던 질문이다. 인생에는 얼마나 자잘한 기쁨들이 도사리고 있는가. 그러나 이렇게 아플 땐? 이런 고통을 이고 있을 땐? 그때 살아야 하는 이유는 뭘까? 그런 게 있을까? 이것저것 떠올리고 제하고 하다 보니 나에게 남는 건 별이였다. 별이가 있는 한 나는 죽을 수 없는 것이다. 내가 갑자기 사라져 별이가 겪을 고통을 헤아리는 고통만으로도 이미 모든 고통의 대결에서 다 이긴다. 별이. 별이였다. 아파도 버티고 살아가야 하는 이유.

별이를 떠올리며 에어팟을 귀에 끼웠다. 별이가 노래한 음성 메모를 틀었는데 하필 그때 에어팟 배터리가 나가서 별이 목소리를 듣지 못했고 나는 이때를 기다린 듯 눈물을 펑펑 쏟으며 소리 내서 울고 말았다. 아프고 힘들어 얼굴을 잔뜩 찌푸리고서.

그런 순간이 있었다. 그리고 지나갔다. 그 순간이 지금이 아닌 것이 다행이다. 나는 지금 요양병원이다. 괴로웠던 순간을 자세히 떠올려 적어본 이유는 바로 그 다행이라는 감각이 지금 필요해서다.

정말 말이 안 된다. 이 순간이 얼마나 감사하고 기적 같은 시간인지 알면서도 지금 내 마음속은 온통 이 요양병원에 대한 불만으로 가득 차 있다. 그게 너무 말이 안 된다. 바로 어제까지 얼마나 아팠는지 잊은 거야? 오늘 아침, 못 감은 지 사흘이 지나 떡진 머리와 소독약과 핏자국이 덕지덕지 묻어 있는 몸을 얼마나 씻고 싶어 했는지도? 요양병원에 도착해 간단히 안내를 받고 간호사님이 수술 부위에 방수밴드를 붙여준 덕분에 조심스레 샤워를 하고 나왔을 때 그 천국 같던 쾌적함도?

삶은, 이렇게까지 바로 여기 현재에 있는 것인가. 이토록 지나간 과거 위에서 살 수는 없는 것인가. 그렇게 생생한 고통이 바로 어제였는데도, 그 고통에서 모두 벗어난 것에 대한 감탄과 감사 같은 건 어느 틈에 스르륵 사라지고, 얄미울 정도로 다시 현재의 나로 돌아와 지금 여기의 불편한 점들만을 도드라지게 느끼고 괴로워하고 있는 것이다. 지금 절실한 문제는 이렇다.

1. 침대에서 편안한 동선이 전혀 나오지 않음(침대 옆 공간 없음. 콘센트 멀리 있음).

2. 개인 조명 없음(다인실에서 이게 대체 무슨!).

3. 자리가 좁고 답답함. 창문도 없음.

4. 시끄러움.

5. 내 자리가 화장실 앞이라 냄새남.

6. (엄청 기대하고 제일 기대했던) 밥이 아주 맛있지 않음.

7. 장기 요양하는 사람들이 각 방마다 쟁여놓은 많은 짐들과 거기서 나오는 아우라(개인 공간을 누릴 수 있을 거라고 예상했던 것과 달리 엠티 와서 한 방에서 단체로 짐 풀고 자는 느낌).

이와 같은 문제로 나는 심각하게 양수리 집에 가고 싶어지고 말았다. 내가 여기를 선택한 이유는 여성병원이었기 때문이다. 그리고 사진상으로 인테리어에도 신경을 쓴 병원이라서 산뜻하게 머물 수 있을 것 같았기 때문이다.

일단 여성병원인 것은 여전히 좋다. 좋은 선택이다. 인테리어도 내 취향은 아니어도 깔끔하다. 문제는 겉보기에만 번지르르하지 디테일이 완전 꽝이다. 아니, 침대 맡에 탁자가 있어야 한다는 것, 콘센트가 침대에 누워 팔 뻗을 곳에 있어야 한다는 것, 각자 조용히 시간을 보낼 수 있는 개인 조명이 있어야 한다는 것 등을 놓치다니. 이건 너무 기본이 아닌가 말이다.

기본을 따져가며 속으로 불평을 키우다가 다시 어제의 캄캄하고 좁은 입원실 병상을 생각한다. 그럼 다시 말이 안 된다. 적어도 오늘은 여기가 천국이어야 하는 것이다! 아, 이건 도대체 뭘까. 나는 도무지 감사를 모르는 불평분자인 걸까. 아니면 이곳이 실제로 디테일이 약한 요양병원이라 불평을 들어 마땅한 걸까. 대체 무엇이 진실일까.

앗, 잠깐, 지금 뭔가 온다. 침대에 푹 파묻혀서 어둠 속에서 쓰고 있는데, 그냥 수면약을 먹은 채로 되는 대로 쓰고 있는데 이상하게 갑자기 아늑하고 안락한 느낌이 찾아온다. 바로 여기 내가 아이패드를 걸쳐놓고 블루투스 키보드를 다다다다 치고 있는 이 자리… 갑자기 안정감이 찾아온다. 괜찮아 보인다.

세상에… 정말 마음에 안 들어 영 마음을 못 붙이던 자리에서 그냥 에라 모르겠다, 주절주절 글을 쓰고 있자니 갑자기 이 자리가 좋아지게 된 거다. 마냥 불편했던 자리에서, 어제까지의 고통을 떠올리고 지금의 불편함을 이해 못하겠다며 글을 적어 내려갔을 때, 그때 여기가 내 자리가 된 것이다. 내가 글을 쓰는 내 자리.

갑자기 여기가 좋아졌다. 화장실 냄새도 이제 안 나는 것 같다(호들갑). 개인 조명이 없어서 엄청 깜깜한 방에서 아이패드 불빛에 의지해 타자를 치는 것도 나름 집중이 잘되네. 어쩌면 이렇게 될 때까지 글을 마무리하지 않을 셈이었는지도! 낯선 여기에 정을 붙이는 글쓰기의 힘을 느낄 때까지?

글을 시작할 때만 해도 이 글의 마지막 문장은 이렇게 될 것 같다고 생각했다. "아무래도 양수리로 가야겠다." 그런데 이제 보니 아니다. 여기서 재미있는 드라마도 많이 보고, 책도 많이 보고, 세끼 밥도 잘 먹고 요양하고 돌아갈 것이다. 바로 이 자리에서!

신비로운 글쓰기 체험이다.

우울한 외향인

계속 미열이 있다. 추웠다가 갑자기 덥고 땀이 난다. 배가 땅겨서 자꾸 몸을 수그렸더니 어깨가 결린다. 수술할 때 넣은 가스가 다 안 빠져서 배가 빵빵하고 뭘 먹어도 맛있지가 않다. 내가 생각한 요양병원의 생활은 이게 아니었다. 모처럼 혼자만의 시간을 갖고 음악도 듣고 책도 보고 남이 해준 밥을 꼬박꼬박 챙겨 먹는 안온한 시간을 내심 기대했다.

하지만 나는 지금 사흘 만에 조기 퇴원할지도 모르겠다. 일단 양수리가 너무 보고 싶다. 오늘 서울에서 아주 유명한, 인근에 사는 시민들의 큰 자랑이라는 공원을 산책했는데, 지금 무슨 좋은 걸 봐도 시큰둥할 수밖에 없는 상황이라 그런지 몰라도 좋은지를 모르고 걸었다. 내내 두물머리가 생각이 났다. 출구를 찾지 못해 헤매면서 공원이 쓸데없이 커서 생각보다 너무 많이 걷게 되었다고 불평이나 해댔다.

그리고 익숙한 외로움. 많은 사람들 사이에 있지만 나를 아는 사람이, 내가 아는 사람이 없다. 나를 드러내 보이고 새로운 사람과 마음을 나눌 수도 있겠지만 그러기에는 내가 소진될까 봐 겁이 난다.

더 어렸을 때는 낯선 이에게 말을 붙일 때 좀처럼 머

뭇거리지 않았던 것 같다. 어려서였나 싶었는데, 그보다는 몸이 더 건강했기 때문이었을 것이다. 체력을 아낄 이유가 없었던 것이다. '나는 정말 외향인이구나' 싶을 만큼 낯선 곳에 가서 모르는 사람을 만나면 먼저 말을 걸고 싶었다. 그런 게 그렇게 재미있을 때가 있었다. 지금 생각해보니 그건 그냥 외향인이어서가 아니라 체력 좋은 외향인이어서 가능했다.

혹시, 그냥 정신이 늙어버린 건 아닐까. 새로운 사람을 향해 마음을 열지 못하게 돼버린 걸까. 체력이 아니라 '꼰대력'과의 상관관계가 더 큰 것은 아닐까. 이렇게 해서 나만의 시간과 공간을 확보하는 것이 정말로 체력을 아끼는 일이 맞는지도 의심스럽다.

모르겠다. 누군가에게 다가가려면 체력계산기부터 두드려봐야 하는 상태인 것이 나는 우울하다. "얼마간은 이제 네 몸에만 신경 써", "당분간 너한테만 집중해" 이런 말들이 아직도 여전히 어렵다. 구체적으로 어떻게 하라는 뜻일까.

고독한 요양 생활 이틀째, 유쾌한 수다가 그립다. 만나고 싶고 온기를 느끼며 말하고 듣고 서로 유머 욕심 부리면서 깔깔깔 떠들고 싶다. 좋아하는 사람들을 만나면 그냥 막 어디선지 모르게 나오던 그 힘이 그립다. 하지만 언젠가부터 늘 그 대가를 치렀다. 즐겁게 만나고 다음 일주일 동안 쓰러진다든가.

이렇게는 안 될 것 같다. 외향인으로 살아가되 고도의 섬세한 조율과 타협이 필요하다. 뉴노멀을 찾아 성숙해지는 과정이라고 생각하자. 늙음 아니고 성숙. 고양이형 인간만 되었어도 체력 가성비가 더 좋았을 텐데. 아, 나는 왜 강아지 같은 인간으로 태어나가지고 진짜.

마당을 돌보는 일

어제저녁에는 내 시간과 공간을 갖기 위해, 그러니까 소위 '내 몸의 요양에 더 집중하기' 위해 내 바운더리를 점점 좁고 높게 세우는 것이 정말로 나의 체력을 아끼는 일인가 하는 의심을 했다. 하지만 아침에 눈을 번쩍 뜨면서 생각했다. 아니다. 아닌 것 같다.

어떤 진실은 밤새 내 옆에서 기다린 것처럼 아침에 눈을 뜨자마자 만나게 된다. 나는 내가 나다울 수 있기를 원한다. 나다움의 중요한 요소 중 하나가 내가 강아지 같은 인간이라는 사실이다. 나는 사람들을 보면 좋아서 꼬리를 흔들고 어쩌지를 못하는 인간이다.

얼마 전 몇 년 만에 대학 동아리 선배들이 멀리서 나를 보기 위해 찾아왔을 때, 나는 처음에는 깨끗이 청소를 해놓은 거실에서 차를 마시며 우아하게 기다리다가, 점점 시간이 가까워지자 현관문을 괴어놓고 그 앞에서 서성거리다가, 엘리베이터 앞에 서 있다가, 결국에는 주차장으로 내려갔다. 똥이 마려운 강아지처럼 어쩔 줄 모르며 설레고 초조해하던 모습, 그게 내가 아는 매우 나다운 나이다. 좀 고고하게 때로 사람들을 멀리하며 살고 싶기도 했지만 나는 그게 안 된다는 걸 깨달았다. 그건 내 옷이 아니었다. 그런 태도를 가지려 할 때면 나는 나 자신과 멀어졌던 것 같다. 사람들과 멀어지는 것은 정신 승리로 극복할 수 있지만 나 자신과 멀어지는 것은 너무 우울한 일이다.

오늘은 병실 사람들에게 먼저 인사를 건네고 공연히 쓸데없는 말도 걸어보았는데 그게 내 페이스를 찾는 데 큰 도움이 되었다. 내 목소리를 듣는 것은 타인만이 아니다. 인사를 건네는 나도 내 목소리를 듣는다. 바깥으로 꺼내놓고 보면 내 목소리는 언제나 내가 속으로 생각한 것보다 더 밝고 활기가 있었던 것 같다. 더 이상 대화를 진전시킬 필요는 없다. 거기까지만 해도 많이 한 것이다.

누구나 마당이 있는 집에 살고 싶어 하지 않을까. 거기가 이를테면 내 정신의 마당인 셈이다. 작은 방에서 혼자 요가를 하고 명상을 하고 좋은 음식을 먹고 그러는 것만으로 나는 충분히 요양할 수 없다. 강아지형 인간의 숙명이라고도 할 수 있다. 나는 넓은 마당을 가진 사람이 되고 싶다. 광대할 필요는 없고 딱 내가 좋아하는 작은 동네 모임 정도를 때때로 열 수 있을 만큼.

점심 식사 시간에 누가 물어보지도 않았는데 나는 오전 산책길에서 있었던 일을 말하기 시작했다. "이 동네 좀 잘 아세요? 저는 처음인데 ○○○공원 갔다가 길을 잃어버려서 산책을 두 시간이나 했어요." 사람들이 안타깝다는 표정으로 ○○○공원 정말 넓다고 공감해주면서 짧은 산책 코스를 소개해주었다. "그래서 어떻게 돌아오셨어요?" "출구를 겨우 찾아서 나왔더니 무슨 큰 아파트 단지가 나오더라고요. 거기서 마을버스 타고 왔어요." 사람들이 소리 내서 웃었다. 먼저 씩씩하게 말 거는 사람, 길을 잘 못 찾는 사람. 나의 중요한 두 가지 정체성이 공유되자 밀려오는 해방감. 상대방이 그에 대해 얼마나 관심이 있는지는 중요하지가 않다. 이 해방감이 중요하다.

점심을 소화시킨 후에 아무도 없는 찜질실에 벌러덩 누워서 음악을 한 시간쯤 들었다. 차이콥스키의 〈사계〉를 쭉 이어서 들었는데, 나 좋자고 듣기 시작했지만 어느새 수업 구상을 하고 있다. 먼저 사계절 중 하나에 대해 인상이나 경험을 나누면 좋겠구나. 음악을 듣고 어떤 계절인지 알아맞히면 재밌겠지. 그 전에 계절의 느낌을 서로 공유하고 표현해보면 좋겠네. 여러 가지 악기나 물건을 이용하거나 몸동작을 쓰도록 하면 좋겠다. 하나의 계절을 가지고 충분히 해보면 나머지 계절들은 음악 감상부터 시작해도 좋겠네.

솔직히 이 정도면 병휴직이라고 할 수 없다. 명백한 '노동'의 시간. 하지만 나는 수업과 삶의 경계가 허물어지는 이런 시간이 나쁘지가 않다. 수업 한 차시를 위해 별도로 품을 들이는 수업도 필요하겠지만, 나는 내 삶이 싱싱하게 팔딱일 때 그것을 간직해놓았다가 자연스럽게 학생들 사이로 흘러가게 만드는 통로를 내는 일이 더 즐겹다(그러려면 내 삶이 풍요롭고 아는 것도 많아야 한다는 것을 깨달았을 때, 솔직히 상식과 지식이 빈약한 나는 좌절을 했다. 그 좌절은 계속되고 있다).

오늘처럼 내 경험이 별다른 노력이나 의지 없이 어떤 수업을 떠올리는 것으로 이어지는 것은 내 삶이 엄청나게 회복되고 있다는 너무나 결정적이고 분명한 증거이기 때문에 나는 기뻤다. 바깥으로 나를 내보이고, 내 몸에 집중해야 한다는 요양의 절대 규칙 같은 것을 툭 내려놓고 내 페이스를 찾은 것과 연결된 작용이었다고 생각한다.

사람의 몸이 정말 대단한 것이 온몸이 풀가동하여 수술한 부위를 치유하고 변화한 상태에 적응하고 있다. 하루하루가 다르다. 오늘 겨우 수술 나흘째. 나는 애쓰고 있는 내 몸에 경외감과 고마움을 느낀다. 애쓰는 몸 덕분에 이렇게 모처럼 마당을 돌보는 일도 할 수 있는 것이다.

별이 담임선생님

별이 담임선생님과 전화 상담을 했는데 너무 좋은 분이었다. 학생들에 대한 애정이 수화기 너머로도 전해졌다.

별이를 학교에 보내면서 나는 좋은 교사를 기대하지 않았다. 아니 기대할 수 없었다. 학교가 어떤 곳인지 누구보다 잘 알기 때문이다. 나는 그저 아이에게 해를 끼치지만 않는 교사라면 만족할 생각이었다. 학교는 하루하루 교사의 열의를 깎아내는 곳이다. 만약 어떤 교사가 일정 경력을 넘어서도 직업적 열정을 유지하고 있다면, 천성적으로 타고난 활력과 온기가 넘치는 사람이거나 신념에 따라 가까스로 그 불을 꺼뜨리지 않는 사람이다. 양쪽 모두 학교에 흔한 유형은 아니다. 교사의 불꽃은 해를 거듭하며 대체로 사그라들게 되어 있다. 같은 교사로서 변명하고자 함이 아니다. 이것은 차라리 내부고발에 가깝다.

학교는 철저히 관료주의로 돌아간다. 현상 유지가 최우선인 보수적인 조직이다. 교육을 향한 교사의 의욕과 새로운 시도가 유의미한 피드백으로 돌아오는 경우는 거의 없다. 피드백을 원하는 교사는 나름의 길을 만드는 것이 좋다. 학교 바깥에서 연구하고 실천하는 모임을 꾸리거나 교단일기를 꾸준히 써서 내가 뭘 하고 있는지,

오늘은 내가 어떤 교사였는지를 자신과 타인에게 검증하는 방법 등이 있다(블로그에 올리는 나의 교단일기는 내가 매너리즘과 냉소를 극복하는 데 큰 힘이 되었다). 하지만 이런 노력은 어디까지나 각자도생일 뿐 시스템의 개선으로는 이어지지 못하고 좋은 교사를 만나는 일은 복불복이다. 그러니 기꺼이 체념하고 있었다. 복불복에서 꽝을 받았더라도 각자도생이 시대정신인 사회의 일원으로서 그 불운을 감당해야지, 다만 별이를 곁에서 열심히 응원해야지, 했다. 그런데 이렇게 좋은 기운을 가진 선생님을 만난 것이다.

황송하고 감사한 마음에 내가 여기서 더 할 일은 뭘까 고민해보게 된다. 나는 여전히 연대와 변화의 가능성을 믿는다. 보호자를 비롯한 지역사회 시민과 학교를 개선하고자 노력하는 교사가 연대하면, 학급 인원수 적정화, 학교 정규직 인력 확충을 통한 학교업무 정상화, 학교 건축의 질적 개선 등을 이뤄낼 수 있다고 믿는다. 비록 정시 퇴근을 꼬박꼬박 하고 방학을 누리는 것에 비해 게으르고 이기적인 교사들이라는 비난이 아직 흔하고, 열악한 학교 현장에서 체득하는 무기력과 분노를 '엄마'로 지칭되는 보호자에게 손쉽게 쏟아버리고자 하는 교사들도 산재한 현실이지만 말이다.

하지만 어디 연대가 쉽게 되는가. 기득권은 이이제이(以夷制夷)에 능하다. 언론은 교사와 학부모를 유구히 이간질해왔다. 학교에는 실제로 문제 교사들이 (당연히) 있고 현재 어른이 된 독자들의 억압적인 학창시절 경험에 호소하면 교사를 불신하게 만드는 건 어려운 일도 아니다. 학교를 변화시키고자 하는 평범한 교사들의 노력을 조명하거나, 그런 노력을 가로막는 학교 조직의 부조리함을 고발하는 언론을 나는 여태 본 적이 없다. 체벌과 경쟁 등 비민주적이고 폭력적인 학교를 경험한 대다수의 사람들이 교사를 믿지 못하고 미워하는 사회인 것도 당연하다. 나도 내가 교사가 아니었다면 교직을 향해 비슷한 감정을 가지고 평생 살았을지도 모른다. 하지만 언제나 잊지 말아야 한다. 어디서든 분투하는 사람들이 있다. 그들의 곁에 서야 한다.

별아, 일단은 진심으로 축하한다. 좋은 담임선생님을 만난 거.

적응

장이 도통 일을 안 해서 불안하다. 전신마취 후유증이라고 하는데 이젠 제발 좀 움직여주면 좋겠다. 불쾌한 복부 팽만감이 하루 종일 나를 따라다니며 요양병원 생활의 질을 떨어뜨리고 있다. 하지만 수술 직후의 상태와 고통을 떠올려보면 이 정도가 대수랴 싶다. 아마도 자궁이 있었을, 그리고 지금은 없어졌을 아랫배 부위가 걸을 때마다 당겨오는 것도, 수술 부위에 새살이 돋으면서 간지러운 것도 마찬가지다. 이쯤은 아무것도 아닌 것이다. 무한 긍정의 오로라가 나를 감싸고 있다.

하여 요양병원을 종횡무진 휘젓고 다니는 중이다. 병원에서 요가, 댄스, 만들기 등의 프로그램 등을 운영하는데 이것저것 참여하다 보면 시간이 잘 간다(오늘은 압화 볼펜과 다이어리 만들기, 요가를 했다).

병실에서 한번 나가면 좀처럼 들어오지 않기 때문에 내가 병실로 올라오면 '최현희 환자 왔다'며 간호사님들끼리 사인을 주고받는 게 느껴진다. 그리고 서둘러 주사와 소독, 혈압과 체온 측정, 처방약 안내 등 밀린 처치를 해준다. "수술한 지 얼마 안 되신 거 같은데 어떻게 그렇게 씩씩하게 다녀요?", "누워만 있다가 일어나니 걷는 게 너무 좋더라고요." 그리고 자랑스럽게 덧붙였다. "ㅇ

○○공원을 만 보 걸었어요!"(길을 잃어서 헤매느라 그랬다는 건 말하지 않았다.) "조기 퇴원하실 줄 알았는데 지금 여기서 제일 잘 지내고 계신 거 같아요."

민망하다. 나도 내가 조기 퇴원할 줄 알았다. 입원 첫날 밤에 조기 퇴원이 가능한지 진지하게 물어보고는 하루 이틀 더 있어보겠지만 아무래도 일찍 퇴원하게 될 것 같다고 하소연까지 한 나였다.

"적응을 했어요. 적응한 게 아까우니까 더 오래 있어야 할 거 같아요." 그리고 병원에서 제일 잘 지내는 사람답게 덧붙였다. "수액은 4시 이후에 맞을게요. 3시에 압화 볼펜 만들기 프로그램이 있더라고요!"

오늘은 내 방에 새로운 환자분이 왔는데 짐을 대충 정리하더니 울기 시작했다. 나는 읽던 책을 펼쳐 든 채로 말을 걸어야 할까, 혼자 정리할 시간을 갖게 방해하지 말아야 할까 고민하면서 읽지도 않은 책장만 계속 넘기다가 훌쩍임이 점점 더 커지자 마음이 너무 아파서 괜찮냐고 묻고 말았다. 아프고 불편하고 무섭고 불안하고 뭐 그런 괴로움이겠다 싶었는데 그분은 그게 아니고 아이들이 너무 보고 싶다고 했다. 아이들과 떨어져 지내본 적이 없어서 너무 슬프고 그립다고 했다. 그제야 나는 별이를, 아니, 나에게 별이가 있다는 사실을 떠올렸다. 가만 있어보자, 내가 여기서 별이 생각을 얼마나 했더라?

어제 별이가 눈꺼풀 수술을 받는 날이라 잠시 외출

해 일주일 만에 별이를 만났을 때, 둘이 얼싸안고 껴안으며 반가워하기는 했다(정말 눈물이 날 만큼 반가웠다). 그리고 별이가 수술을 마친 후에는 떡볶이와 김밥을 사 먹은 후에 산뜻하게 헤어졌다. 그 뒤로 오늘 요가를 하고, 볼펜 만들기, 다이어리 만들기 등을 하고, 물리치료를 받고 산책을 하는 동안 별이를 전혀 떠올리지 않은 것이다!

아이들과 화상통화를 하며 또 눈물을 훔치는 새 병실 메이트를 보면서 나도 별이랑 화상통화 해야지, 생각을 했다. 어제 만난 별이는 새로운 학교생활이 즐겁고 편안해 보였고, 나는 요양병원 생활에 드디어 만족하게 되었으니 사실 아쉬울 게 있나 싶기도 했지만 같은 병실에서 내내 아이들을 그리워하고 애태우는 마음을 지켜보면서 나도 잠깐이지만 별이를 생각하기 시작했다.

어제 수술 받기 직전에 긴장했는지 계속 말이 많던 별이, 끊임없이 장난을 치며 깔깔깔 웃어대더니 호흡기로 가스마취를 받기 직전에 몸부림을 치면서 싫다고 버티다가 간호사님들 손에 붙잡힌 채로 호흡기를 얼굴에 댄 지 3초 만에 잠이 든 별이(웃으면 안 되는 일인데 너무 웃음이 나왔다), 수술 직후에 노란 보호안경을 쓰고 눈물을 뚝뚝 떨어뜨리며 침대에 실려 나오던 모습. "병원 싫어! 병원은 정말 바보 멍청이야! 다시는 이런 거 하고 싶지 않아! 난 옛날로 돌아가고 싶어!" 별이는 쉴 새 없이 눈물을 떨어뜨리면서 외쳤다.

예정 시간보다 수술이 지연되어서 금식을 한 채로 너무 오래 대기했는데 수술 후 의식이 깨어나고도 두어 시간은 물과 음식을 먹으면 안 된다고 해서 별이는, 처음에는 눈이 아프고 불편해서 울다가, 이번에는 배가 고프고 목이 마르다면서 이러다가 자기는 죽게 되는 것이 아니냐며 다시 소리를 지르기 시작했다. 너무 힘들지. 배고프고 목마르고, 세상에 나 혼자인 것 같고, 내 불편함을 누가 알아주나 싶고, 내가 왜 여기서 이러고 있어야 하나 싶고, 이 모든 상황이 믿기지가 않겠지. 별이를 안아주면서 나는 진심으로 별이를 위로했다. 내 배에 밴드 하나가 떨어져서 간호사님에게 새 밴드를 하나 부탁드렸을 때, 이게 닷새 전의 수술 자국이라는 것을 들은 간호사님은 "뭐야, 아이보다 지금 엄마가 더 환자네요!" 하고 나를 위로해주었다.

읽던 책을 잠깐 덮고 별이와 화상통화를 했다. 별이는 아이라인을 한 것처럼 빨간 자국이 난 동그란 눈을 불편하게 뜬 채로, 어디서 배웠는지 수어로 "나는 당신을 정말 사랑합니다"라고 했다.

통화를 마치고 다시 책을 펼쳤다. 이렇게 또 며칠은 잊고 살 것이다. 나는 별이가 너무 보고 싶으면 어쩌나 하고 별이보다 나를 더 걱정했는데 다행히 적당히 보고 싶고 적당히 생각이 안 난다. 오늘 한결 편안하고 즐거워진 요양병원의 하루를 마치며 이런 게 고생 끝에 낙이라는 것이구나 싶다.

　나 자신에게 호언장담을 하고 싶어진다. "그동안 고생한 거 내가 알아. 이 정도 즐거움은 겨우 시작이야. 이제부터 점점 더 즐거워질 일들이 많을 거야! 널 앞으로 최고로 행복하게 해줄게! 걱정 마! 고생은 끝이야! 이제 좋아질 일만 남았어!!"

　변비를 해결해야 하기는 한다.

이분법을 우회하는 샛길

왜 아직도 오후 3시인가. 오늘치 괴로움의 분량은 다 찍은 거 같은데 왜 아직도 해가 저리 창창한가.

> 아픈 사람이 선호하는 독서 장르는 효율적 시간 관리법을 강의하는 자기계발서는 분명 아닐 것이다. 아픈 사람이 익혀야 하는 것은 시간 관리법이 아니라 시간 낭비법이기 때문이다.
> ―『새벽 세 시의 몸들에게』(김영옥 외 3인, 봄날의책, 2020, 138면)

나는 이제 이 책을 대대적으로 인용할 생각이다. 이후부터는 페이지만 표시하겠다. 이 글은 어쩌면 읽은 책을 잘 소화하기 위해 기록하는 독후감이다.

나는 잠깐 내 몸을 잊기를 바라면서 넷플릭스를 틀거나 책을 펼친다. 새로운 자극과 경험들은 현재의 고통에서 나를 잠깐 다른 곳으로 데려가야 한다. 하지만 오심과 울렁거림, 오한과 발열이 나를 내 침대 위로 계속 다시 데려다놓는다.

'지금 뭐 하세요?'/ '아프고 있습니다'(136면)

'아프고 있습니다' 앞에 어떤 다른 구절을 첨언할 수 없는 상태라는 것이 있다. '넷플릭스를 보면서 아프고 있습니다', '책을 읽으며 아프고 있습니다' 같은 말은 가능하지 않다. 나는 이왕 아프고 있는 김에 어떻게 아픈지를 적어보고 싶어졌다. 침대에서 기어 나오듯 빠져나와 아이패드와 블루투스 키보드를 들고 식당으로 간신히 내려왔다. 몸이 아까보다는 나아졌기 때문에 가능한 일이었다.

　　　통증의 실제 느낌이 어떤지를 묘사할 때 말이라는 것이 조금이라도 쓸모가 있는가? 언어는 모든 것이 끝나버리고 잠잠해진 뒤에야 찾아온다.(136-137면)

　이제 와서 내가 어디가 안 좋았는지를 쓰려고 해도, 지금의 내가 그 순간의 나를 묘사하는 것이 가능한지 모르겠다. 죽을 듯 무력하고 기운이 없어 온몸을 덜덜 떨며 웅크리고 있던 나는, 거기서 조금이라도 더 나아진 지금의 나에게는 시간과 고통의 간극을 유지한 채로 글쓰기를 통해 만나게 되는 낯선 타자이다. 분명히 내 몸에서 생생한 존재감을 떨치던 고통은 몸을 떠나는 즉시 이상하리만큼 낯설게 느껴진다. 그러니 지금의 나조차도 그 고통을 다 안다고 할 수가 없어서 어떤 문장들을 썼다가도 내 기억과 묘사가 정확한지 나를 의심하게 된다. 정말 그 정도로 괴로웠다고? 너무 과장하는 거 아니야?

> 통증의 한 가지 저주는 통증이 없는 사람에게 거
> 짓말처럼 들린다는 것이다. 환자는 멜로드라마
> 같은, 비현실적이고 상투적인 은유로 통증을 표
> 현하려 안간힘을 쓴다.(137-138면)

나는 이 문장에 하나를 더 보태고 싶어진다. 통증을
겪은 나 자신조차 때로는 거짓말처럼 느껴질 때가 있다
고. 내가 (암 전문) 요양병원에 머물고 있어서 더 그런지
도 모른다. 여기는 보통 8차까지 이어지는 항암 치료의
한복판에 있는, 머리와 눈썹이 모두 빠진(내 옆자리 환우
는 발톱과 손톱까지 빠졌다) 나보다 병기가 높은 환자들
이 대부분이다. 이곳에서 나는 수술만으로 완치가 가능
한 매우 운이 좋은 1기 암 환자인데 가끔은 같은 병실의
사람들이 항암 치료의 고통에 대해서 이야기를 나눌 때
내가 항암을 받지 않는다는 사실에 공연히 미안한 마음
까지 든다. 하지만 민망하게도 며칠째 나는 그들보다 더
심란한 상태로 앓는 중이고, 항암 치료를 막 끝내고 돌아
온 환자들이 나를 걱정하고 필요한 것들을 물어봐주는
사태가 벌어지고 있다(내 밥을 내 병실로 가져다줄 수 있
느냐는 내 옆자리 환우—그렇다. 발톱과 손톱이 빠진 그
분이다—의 요청에 간호사님은 매우 난처하고 황당하다
는 표정을 내게 지어 보였다. 아니 네가 왜 너보다 더 중

한 환자의 수발을 받고 있느냐는 속생각을 전혀 감추지 않은 표정이었다).

하지만 여기 있는 어느 누구도 '어디 2기, 3기 암 환자 앞에서 고작 1기 환자가 그렇게 아파하느냐'고 말하지 않는다. 그와 비슷한 생각조차 하지 않는 분위기다. 여기 있는 분들은 고통의 현재성, 그러니까 단순한 복통이든, 변비든, 항암 후 후유증이든 당장 그 순간을 집어삼키는 고통의 속성에 대해 잘 알고 있다. 그래서 아마도 일시적인 수술 후유증일 나의 '사소한' 장 기능 이상을 진심으로 걱정한다. 아픈 사람들이 고통을 통과하며 얻는 지혜와 깊이라는 것이 있다면 바로 이런 마음과 태도가 아닐까.

오히려 아프지 않은 사람이 고통의 위계를 더 쉽게 나누는지도 모른다. 암 환자에게 '그 정도 암은 의학이 발달했으니 아무것도 아니다'라고 말하거나 '3기가 아니라 2기여서 다행'이라고 위로를 건네는 식으로 말이다. 암 환자들은 스스로를 위로할 때가 아니면, 다른 환우에게 그런 식으로 말하는 법이 별로 없다(적어도 나를 비롯해 내가 만난 환우들은 그렇다). '아무것도 아닌 질병'의 상태란 없다는 것을 누구보다 잘 알기 때문이다. 고통 그 자체에 이입하기도 하지만, 부지불식간에 "균질적으로 이어지는 일상의 평균적 안온함"(261면)이 사라지고, 낯선 땅에 홀로 버려진 것처럼 새로운 길을 더듬어 걸어가야 하는 막막함과 외로움을 서로 알아보는 것이기도 하다.

> 심각하거나 만성적인 병을 앓게 된 사람은 삶의
> 단절을 경험한다. 특정한 몸에서만 가능했던 특
> 정 삶은 멈추거나 사라진다.(147면)

> 앓기는 외롭다. 내 몸에 처해 있는 사람은 나뿐이
> 다. 걱정해주고 돌봐주는 가족과 친구들이 있더
> 라도 그들 대부분은 건강하고 바쁘게 살아가는
> 보통 사람들의 세계에 속한다.(153면)

여기에 있는 사람들은 질병의 양상과 모양은 모두
다를지라도 "눈앞에서 닫히는 문"(169면)을 경험한 사람들
이다. 더 이상 다음 주 혹은 다음 달의 삶을 계획할 수 없
는, 통제가 불가능해진 몸을 가지고, "'우리의 몸을 통제
하도록 하는 문화적 요구'와 '몸이 통제될 수 있다는 환
상'"(200면) 이 지배하는, 바로 '건강'이 규범이고 정체성인
사회 속에서 살아남아야 하는 사람들이다. 그 곤혹스러
움과 당황스러움, "'생산적이지 못한 사람'일 뿐 아니라
'약속 못 지키는 사람', '무책임한 사람', 심지어 '예의 없
는 사람'"(183면)이 된 것 같은 미안함과 수치심을 겪으면
서 그러한 감정을 처리하고 해석하느라 분투하는 사람
이 세상에 나 하나가 아니라는 위로가 요양병원이라는
공간 안에 보이지 않게 존재함을 느낄 수 있다.

질병을 가진 사람은, 특히 감당하기 힘든 극심한 고통을 겪어내는 사람은 필히 지혜와 깊이를 가진 현자일 것이라고 낭만화하고 싶지는 않다. 하지만 나는 만약에 누군가 나를 암 이전의 삶으로 되돌려주는 대신에 병자의 시각과 지식을 영원히 가질 수 없는 상태로 살도록 한다면 거절할 것이다.

> 질병이 우리를 데려가는 삶의 경계가 또한 삶을 새롭게 조망하기에 유리한 위치이기도 하다는 뜻이다.(102면)

> 다시 겪으라면 차라리 안 살고 만다. 하지만 지금의 내가 예전의 나보다 마음에 든다.(143면)

나는 "오늘의 몸을 잘 '관리'하면 내일 몸이 잘 '기능'"(201면) 하기를 바라는 사람이 되는 것보다 "'낫거나 죽거나'의 이분법을 우회하는 샛길"(200면)을 만드는 데 관심이 있다(나는 이 책에서 이 '샛길'이라는 두 글자에서 무한한 해방감과 안식을 얻었다).

암이 완치되었다고 해서 다시 건강을 규범으로 삼아 몸을 잘 관리해서 잘 써먹어야 할 도구로 보는 삶으로는 돌아가지 않을 것이다. 대신 오히려 아픈 사람의 정체성을 껴안을 것이다. 삶을 재조정할 것이다. 할 수 있다면 아픈 사람들과 연대하고 아픈 사람들의 이야기를 전하고 내가 아플 때는 내 이야기를 할 것이다. 그렇게 만들어놓은 샛길이, 질병과 노화 등으로 젊음과 건강이라는 규범 바깥으로 느닷없이 튕겨 나온 사람들에게 희망과 안도가 되기를 바라면서.

연약한 사람들의 약하지 않은 연대

지난밤 꿈 이야기다.

　나는 수업을 하고 있다. 노래를 부른다. 한 사람씩 하고 싶은 사람부터 자연스럽게 노래에 합류한다. 갑자기 교장과 부장교사 몇 명이 나타나서 노래를 다 같이 시작해야지 한 명씩 산만하게 부르고 있다며 이건 예의에 어긋나는 일이라고 말했다. 늘 이렇게 해왔다고 뭐가 문제냐고 따졌지만 그들은 내 말을 전혀 듣지 않았다. 그리고 장면이 갑자기 바뀌었는데 내가 교과전담교사로 새로운 학교에 갔더니 거기에 위례별초 선생님들이 있었고 처음 본 교사들은 이미 나에 대해서 다 들었다는 듯 적대적인 표정으로 나를 멀리 피했다. '그러라지 뭐, 아이들하고만 잘 지내면 되지!' 생각하면서 나는 내 교실을 찾아 헤맸다. 그런데 아무도 내 교실이 어딘지 가르쳐주지 않았다. 나는 미로 같은 복잡한 새 학교를 한참 헤매다가 겨우 내 교실을 찾았다. 그런데 이미 어떤 선생님이 수업을 하고 있었다.

　다시 장면 전환, 거기도 내가 수업을 해야 할 교실인 것 같은데 이번에는 내가 너무 늦게 왔다면서 그 반의 담임교사가 나를 힐난했다. 다른 교사들까지 합세했고, 나는 그러든지 말든지 수업을 시작했다. 그런데 교사들이 내 교실에서 안 나갔다. 나는 속으로 '왜 안 나가지' 생각하면서도 계속 거기 있어서 내가 얼마나 수업을 잘하는지 봤으면 하고 바랐다(나는 꿈의 이 부분을 복기할 때 조금 슬펐다. 꿈속에서 내가 너무 절박해 보였기 때문이다. 인정받고 싶고 무언가 증명해 보이고 싶은 욕구를 완전히 초월한 채 살 수는 없겠지만, 다음에 비슷한 꿈을 꾼다면 같은 장면에서 내가 조금만 더 태평스럽고 느긋했으면 좋겠다고 생각했다).

꿈은 순조롭게 이어졌다. 음악이었는지 영어였는지 아무튼 한 명 한 명이 수업에 빠져드는 게 느껴졌다. 나는 그 분위기와 공기가 너무 자랑스러워져서 주변에 있는 선생님들을 살폈다(이 부분을 복기할 때도 조금 슬펐다. 아직도 어떤 마음들을 놓지 못하고 되게 애쓰고 있는 것이다. 안 그래도 되는데). 몇몇 선생님들의 표정에서 호감 어린 호기심을 인지한 채로 나는 그대로 잠시 아이들과 즐겁게 수업을 하고 그 순간을 즐겼다. 그리고 다시 무슨 일이 벌어졌는데 거기서부터는 기억이 안 난다. 수업을 하면서 행복했던 감정만 생생하게 남아 있다. 어제 있었던 일 같기도 하다.

같은 병실 내 옆자리 환우 말로는 내가 밤에 수업을 하면서 노래를 불렀다고 했다. 예전에는 학교가 꿈에 나오면 대부분 악몽이었다. 내가 교실에서 아무리 뭘 해보려고 해도 학생들의 표정이 싸늘했다. 나를 보지도 않고 자기들끼리 떠들기만 했다. 학교는 너무 어둡고 넓고 사방이 막혀 있는 복잡한 미로였다. 내 교실에 가려면 뾰족한 철탑 같은 걸 넘거나, 사나운 동물들 사이를 지나거나, 개구멍 같은 걸 찾아야 했다. 학교 출근길에 엉뚱한 버스를 타고 낯선 동네에 내렸다가 택시가 안 잡혀서 초초해하는 꿈, 혹은 저 언덕 너머에 학교가 있는데 오르막인 골목길을 아무리 힘들게 걸어도 절대 학교가 나오지 않는 꿈.

나는 악몽이든 좋은 꿈이든 그것을 복기하는 시간을 즐긴다. 꿈이 내 상태를 극적으로 보여주는 게 좋다. 꿈속의 인물들이 하는 말과 행동이 다 나에게서 나오는 것이라는 걸 떠올리면 이보다 더 흥미로운 스릴러가 없다. 하지만 학교 꿈은 항상 비슷한 내용이 반복되니 재미도 없고 더 해석할 것도 없고 지겹고 꾸고 나면 불쾌함만 컸다.

그제와 어제 연달아 정말 오랜만에 학교 꿈을 꾼 건데 반복되던 스토리에 변화가 있었다. 바로 아이들의 표정. 나와 즐겁게 눈을 맞추는 표정이었다(여러 해의 제자들이 한 교실에 섞여 있었다). 나는 잠에서 깨고도 한참 눈을 감고 그 느낌을 다시 음미하다가 병원 아침 배식 시간에 좀 늦는 바람에 반찬 몇 개를 못 먹었고, 식당 직원분들은 연신 미안해하셨지만, 행복한 아침이었다.

장혜영 님의 노래 중에 〈연약하다는 것은 약하다는 것이 아냐〉에 이런 가사가 있다.

아름다운 것들은 쉽게 부서지고
되돌리는 것은 너무 어렵다네

처음 들었을 때부터 이 가사가 마음에 다가왔고 왜 위로를 받는지도 모르면서 위로를 받았다. 그 이유를 짐작해본 바로는, 정말 그렇기 때문이다. 부서지는 건 너무 쉽고 재건은 어려운 일이다. 너무 어려운 일을 너무 어렵다고 말해주는 것이 위로였다. 너무 어렵지만 '화이팅'이라거나 '생각보다 어렵지 않아 힘을 내'였다면 위로받지 못했을 것이다.

어려운 일이다. 맞다. 너무 어려운 일이다. 시간도 적게 걸리지 않는다. 내 일만 해도 벌써 3년이다. 트라우마 이후로 꿈의 색깔이 조금, 아주 조금 바뀌는 데 걸린 시간이. 생각해보면 부서지는 것은 몇 달이었다. 내가 왜 이렇게 연약한가 싶어서 그간 얼마나 스스로를 미워하고 자책했던가. 하지만 이 노래에서 "연약하다는 것은 약하다는 것이 아냐"라고 반복되는 가사가 다시 나를 위로했다. 연약해 부서지더라도 그걸 버티는 과정과 재건의 시간을 거치는 순간들의 나는 약하지 않다. 버티다 보면 시간이 아무리 걸려도 오늘 같은 변화가 온다. 그리고 알 수 있다. "귀 기울이지 않으면 절대로 알 수 없는 그런 신비로운 비밀"에 대해서. 연약하지만 약하지는 않은 세상의 많은 이들과 연결될 수 있다.

연약한 사람들의 약하지 않은 연대. 올해는 내 몸을 돌봄과 동시에 이런 것들을 천천히, 서두르지 않고 쌓아갈 것이다. 주변에 있는 동료들을 마음 깊이 사랑하고 돌보면서 말이다. 시간이 걸려도 이쪽으로 가면 분명히 재미있는 길이 나올 것이다.

생활인1

생활을 한다는 건 힘든 일이다. 집에 오니 좋기는 한데 생활을 해야 한다. 별 힘 안 들이고 해냈을 사소한 일상의 일들이 너무나도 말도 안 되게 무겁고 버겁게만 느껴진다. 나를 챙겨서 먹이는 게 제일 힘들다. 도대체 뭘 어떻게 해서 먹어야 할지 모르겠고 챙겨주는 사람이 없다는 게 왈칵 서럽다. 그렇지… 없지. 내가 나를 챙겨야지. 그런데 못하겠다. 아무것도 못하겠다.

별이는 하루 종일 게임을 하고 TV를 본다. 저렇게 주말을 방치된 채로 보내나 싶어 마음에 걸리는데 마음뿐이다. 별이와 뭐라도 함께 할 여력이 도저히 없다. 옆에서 보니 별이가 과자를 너무 먹는다. 나에게도 별이에게도 좋은 간식을 해 먹일 여력이 없다. 나도 입맛이 써서 달달한 과자 몇 개를 달라고 해서 먹었다. 입맛이 나아지기보다 속만 거북해졌다.

그렇게 하루가 간다. 모든 게 다 절망적으로 느껴진다. 집에 와서 정말 좋았는데 이렇게 맥을 못 출 줄은 몰랐다. 그저 너무 심난하고 서럽고 막막하다. 주말까지 요양병원에서 보내고 별이가 학교에 간 사이에 퇴원해서 내 리듬을 먼저 찾았다면 나았을까. 흐리고 바람이 많이 분다. 쌀쌀한 봄이 주는 실망감과 쓸쓸함 같은 게 범벅되어 있다. 그렇게도 두물머리가 보고 싶었지만 날도 스산하고 피곤해서 집 밖으로 나가는 건 엄두도 못 냈다.

요양병원에서 잠시 나쁘지 않았던 컨디션을 가졌던 게 다 거짓말 같다. 다시 몇 주 재입원을 해야 하는 게 아닌가 하는 생각마저 든다. 병원으로 다시 가고 싶지는 않은데, 나를 돌볼 힘이 이렇게 없었던가 절망스럽다. 내일은 오늘의 이 무력함과 불쾌감이 거짓말처럼 느껴질 수 있기를. 어서 다시 되고 싶다, 생활인.

생활인2

어제 블로그에 절망이 가득 담긴 글을 쓴 후에 이상한 일이 벌어졌다. 김치볶음밥이 생각났다. 그러니까 김치와 밥이 집에 있다는 생각이 났고 그것을 볶아야겠다는 생각이 뒤이어 들었다. 근 3주간 전문 간호 인력에 둘러싸여서 규칙적으로 식사를 제공받는 병원생활을 하다가 집에 오니 이제 그 모든 일들이 내 할 일이라는 게, 내가 스스로를 돌보아야 한다는 게 막막했다. 잘 먹어야 한다는 부담감 때문이었을 것이다. "암이 재발하지 않으려면 잘 먹어야 해." 요즘 나를 둘러싼 많은 사람들이 끝없이 상기시켜준다. 나도 안다. 그래서 결연한 마음으로 먹거리 관련 책을 (살면서 처음으로) 여러 권 사서 읽어보는 중이다. 그런데 알고 공부를 할수록 더 막막해진다. 나는 요리를 좋아하지도 않고, 정확히는 먹는 걸 좋아하지도 않는다. 뭘 어떻게 해 먹어야 잘 먹는 건지 모르겠고, 사실은 알고 싶지도 않은 것 같다.

하지만 김치볶음밥. 그 정도면 충분한 것도 같다. 이거면 되었지. 만들기도 얼마나 쉬운가. 나는 김치볶음밥과 함께 불현듯 찾아온 희망을 붙잡고 주방으로 걸어가서 코코넛오일을 팬에 흠뻑 두르고 김치를 볶았다. 그리고 냉동실에 얼려놓은 밥을 녹여서 같이 볶았다.

입맛이 없어서 바로 먹지는 못했고 팬의 뚜껑을 덮어둔 채로 다른 일을 하는데 내가 내 손으로 만든 김치볶음밥이 팬에 가득 들어 있다는 사실만으로도 기운이 났다. 내가 김치와 밥을 볶았어! 내일은 장을 보리라! 자신감이 솟아났다.

그리고 오늘, 두레생협에 가서 신선한 야채와 과일, 그리고 바로 데워서 한 끼 식사가 가능한 대통밥, 연잎밥, 호박죽 등등 즉석식품을 몽땅 쓸어 왔다. 일주일은 큰 품을 들이지 않고 식사를 해결할 수 있을 것이다. 다시 자신감 상승. 그래, 이렇게 하는 것이다. 할 수 있는 만큼 하면 되는 것이다.

어제 재입원을 진지하게 고려하던 중에 퇴원해서 누리는, 작지만 좋은 것들을 떠올렸다. 먼저 드라이기. 병원 드라이기는 시끄러운 소리가 무색하게 바람이 약했다. 집에는 성능 좋고 조용한 내 드라이기가 있다. 그리고 욕실에 블루투스 스피커를 들고 가서 음악을 들으면서 샤워를 할 수 있다. 음악을 들으면서 샤워를 한다는 것은 쉽게 포기할 수 없는 큰 기쁨이자 특권이다. 그리고 별이. 별이를 언제든지 안을 수 있다. 별이의 노래와 말을 들을 수 있다. 별이는 요즘 즐거운지 노래를 자주 부른다. 큰 소리로 즐거운 노래를 부른다. 그 노래를 들으면 아, 내가 여기 있어야지, 밥 세끼 준다고 병원에 있으면 이걸 못 듣겠구나 싶다(드라이기와 스피커 다음으로 별이를 떠올린 것은 미안하다). 밥. 밥. 잘 먹어야 한다는 그 밥. 그게 문제이긴 하지만.

일단은 생협에서 사 온 비교적 건강한 즉석식품으로 일주일을 버티면서 생활인으로서의 자신감을 되찾아보겠다. 날씨가 조금 더 따뜻해지고 나도 더 기운을 차리면 두물머리도 조만간 볼 수 있다. 봄이 온 두물머리가 또 얼마나 아름다울지, 나는 다시 감탄할 준비가 되어 있다.

나도 무심히 자랐으면 좋겠다

오늘 양수리에서 춤을 추며 걸어가는 사람을 봤다면 그 사람은 나다. 집에 있다가 불현듯 답답해져서 뛰쳐나왔는데 햇살이 그렇게 좋았다. 랜덤으로 재생된 노래도 오늘따라 그루브가 넘쳤다. 거리의 사람들이 이상하게 보건 말건 뻔뻔하게 팔을 흔들고 스텝을 밟으며 걸으면서도, 별이가 하교할 시간인 것은 좀 신경이 쓰였다. 별이가 혼자 온다면 반갑게 인사하고 같이 춤을 추면서 걸으면 되겠지만, 별이는 지금 아동센터 선생님과 친구들이랑 같이 걸어오는 중일 테니까. "너네 엄마는 왜 그러냐?" 누가 그렇게 말할지도 모른다. 별이가 나를 창피해하진 않을 거라 믿지만 그래도 별이의 사회생활에 누를 끼칠 수는 없다(다행히 별이를 마주치진 않았다).

오늘은 따뜻한 볕 아래에서 춤까지 춰댔지만 며칠 전까지 나는 좀비였다. 수면이 불안정해서 종일 퀭했다. 사흘 전에 정신과 진료를 받고 수면약을 한 알 더 늘려 처방받고, 상담을 받으면서 생산성에 대한 압박과 자기 규율을 좀 더 내려놓아야 한다는 사실도 환기한 후로 다시 수면이 안정적으로 돌아오고 있다.

잠깐만 방심하면 현대사회, 한국사회의 구성원으로서 몸에 밴 습관이 유감없이 발휘된다. 심지어 나는 암 수술을 받고 막 나온 환자인데 내 회복보다 다른 것들에 정신이 팔려 있었다. 욕심스럽게도, 오랜만에 만나는 별이와의 시간이 다시 충실히 채워졌으면 하고 바랐고, 그 와중에 복직을 대비해 성북동 원룸으로의 이사를 준비했다. 새로운 살림들을 고르고 구입하고 당근마켓도 둘러보고 다니면서 약간 혼이 빠져 있었다. 양수리 집에 있는 내 짐을 정리해서 틈틈이 성북동의 새집으로 실어 나르는 일도 꽤 무리가 되었다. 서두를 일도 아니었는데 왜 그렇게 빨리 해치우고 싶었는지. 거기다 요양병원에 입원한 사이에 수면약이 떨어졌는데 나는 이 기회에 수면약에 의존하지 않고 수면 습관을 돌아보자고 무모하게 결심을 했다. 왠지 할 수 있을 것 같았는데 일주일 만에 처참하게 무너졌고 나는 백기를 들고 정신과에 전화를 걸어 급하게 예약을 했다.

주치의가 수면 위생은 중요하지만 왜 수술을 받고 난 후에, 이 중요한(!) 시기에 그런 걸 시도하느냐고 물었을 때, 나는 그제야 뭐가 잘못됐는지 깨달았다.

비움의 일환으로 어제오늘은 양수리를 산책했다. 산책하는 순간만큼은 해방이었다. 그래서 춤이 절로 나왔는지도 모르겠다. 집에서는 누워 있어도 눈을 뜨고 의식이 있는 모든 순간이 노동이다. 성북동의 내 작은 집을 어떻게 꾸미지? 어떤 가구를 들여놓지? 가만있어보자, 오븐토스터랑 전기주전자는 새로 사야겠지. 밥솥은 압력 밥솥으로 사라고들 하던데 이게 가격 차이가 많이 나는데… 그래도 압력을 사야겠지. 어디 보자, 정수기는 브리타정수기를 써보겠어. 침대는 좁은 방이니까 낮은 프레임으로 사야겠어. 행거는 집에 있는 걸 가져갈까 새로 하나 살까, 어디 당근마켓 좀 둘러볼까…. 공기청정기랑 가습기 같은 것도 많을 거야… 어디 검색을… 이러고 있는 것이다.

그러다 별안간 일어나서 책장을 정리하기 시작한다. 책을 열몇 권씩 쌓아서 노끈으로 옮기기 좋게 묶는다. 겨울옷을 정리했다가, 화분 갈이를 했다가, 아주 그냥 1초를 가만히 못 있는다. 그러면 배가 고프기 마련인데, 나는 이 배고픔을 미처 예상하지 못한 불청객처럼 대한다. 회복에 전념하는 사람의 일상이라고는 할 수 없다. 오롯이 나를 위해 장을 보고 음식을 하고 먹고 쉬고 그러지 못하는 이유가 뭘까 대체. 그게 그렇게 어려운가. 이걸 쓰면서도 믹싱볼과 채반, 냄비 같은 것을 생각하고 있다. 냄비는 스테인리스가 좋겠지? 아 그만 그만 그마안!

성북동으로 빨리 이사를 마무리해서 혼자 차분히 요양을 시작할 수 있기를 바랐는데 이사를 마무리하는 데 생각보다 신경 쓸 일이 너무 많고, 그사이 수술한 환자 몸이 점점 쇠약해지고 있는 거라면 차라리 이사를 미루고 양수리에서의 봄에 더 집중하는 게 맞지 않을까 생각해보다가 그래도 마음은 이미 성북동에 훌쩍 가 있다. 신경이 쓰이고 할 일이 생각나고 그걸 참지 못하겠다. 별이랑도 주말에 같이 놀러 가서 성북동 집에서 자고 성곽 길도 걷고, 대학로도 산책하고 그러고 싶다.

"엄마, 나 엄마 집에 가서 잘래!" 오늘은 별이가 처음으로 이런 말을 했다. "그래! 집 정리되면, 그리고 침대가 오면 초대할게!" 별이는 이제 내가 서울로 떠날 것임을 자연스럽게 받아들인다.

매일 하는 생각이지만 별이는 많이 컸다. 크고 있다. 오늘은 아동센터에서 집에 오자마자 책가방을 내려놓더니 킥보드를 타고 오고 싶다며 다시 가방을 새로 챙겨서 혼자 나갔다. 가방에 포켓몬스터 이상해씨 인형을 넣고, 우유와 삶은 달걀을 챙겨서 넣었다. 혼자서 동네를 누비다가 집에 오는 별이라니. 어제까지 상상도 못했던 일이 오늘 무심히 일어난다.

나도 무심히 자랐으면 좋겠다. 많은 불면의 밤들이 무심히 사라졌으면 좋겠다. 그러려면 잠들기 전 하루를 돌아볼 때 그게 어떤 하루였든 부족하다고 생각하지 않을 수 있어야 한다. 하루에 대한 기대치를 낮추고, 뭔가 대단히 의미 있고 재미있는 일들, 보람찬 일들을 하고 나서야 편안히 눈을 감을 수 있는 게 아니란 것을 마음과 몸으로 배워야 한다. 언제나처럼 하루가 찾아왔고 나는 그걸 잘 버텨냈으니 어둠이 내려앉은 세상 속에서 그런 나를 그냥 토닥여주면 되는 것이다. 그러니까 나는 내 앞의 일들을 몰아치듯 하기보다 이런 걸 해야 한다. 어렵지만 할 수 있을 것이다. 스스로 격려해주고 싶어서 노트북을 펼쳐 든 지금처럼.

오늘은 잘 잘 수 있을 것 같다. 지옥 같던 컨디션과 엉망인 수면 패턴으로 괴로웠던 날들은 이제 또 잠깐 안녕. 수술 후 잃어버린 3킬로그램도 되찾을 것이다.

나에게 아주 작은 친절을

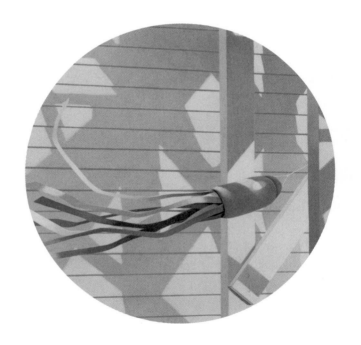

5부

세 번째 밤

성북동에서 보내는 세 번째 밤이다. 이사한 지는 18일째다. 그간 짐을 나르고 정리하느라 왔다 갔다 하고, 짐 옮기는 거 도와주러 친구들이 왁자하게 다녀가기도 했는데, 조용한 밤에 혼자 있자니 여기가 어딘가 싶고 낯설기만 하다.

나는 혼자 나와서 뭘 하고 싶었나. 막연하게 상상하던 일이 시간이 흐르고 흘러 현재가 되고 보니, 내가 대체 뭘 상상해왔는지 되짚어보고 있다.

10여 년 전 결혼을 할 당시 남편은 서울에서 살고 싶지 않다는 확고한 입장을 가지고 있었다. 나는 거주지에 대한 확고한 입장 같은 게 없었고, 그런 경우에는 대개 확고한 쪽을 따르게 된다. 용인 수지는 별이를 키우기에는 더없이 좋은 동네였다. 널찍하고 쾌적하고 풍부한 편의시설에 크고 작은 공원과 도서관, 숲속 오솔길과 탄천의 산책길. 하지만 유효기간이 있었다. 10년이었다.

결혼 생활은 얼마간은 즐거웠고 남편은 얼마간은 충만한 파트너였다(물론 지금도 좋은 파트너이다). 별이는 많이 자랐고 나는 '정상가족' 안에서 아내와 엄마의 역할이 삶에서 가장 큰 비중을 차지하는 삶을 더 이상 살 수가 없었다. 어느 순간 그렇다는 것을 알게 되었다. 왜 이곳에서 만족하지 못하는지에 대해 자책하던 시기도 있었는데 그런 단계는 이미 다 지났다.

외롭고 쓸쓸해도 이렇게 다시 혼자다. 양수리에는 별이가 있다. 좀 전에 화상전화를 했는데 입만 뻐끔뻐끔 움직이면서 얼굴만 보여주고 목소리를 안 들려주던 별이. 그러다가 이상해씨 인형을 카메라에 들이밀며 얼굴도 제대로 안 보여주던 별이. 혹시 멀리 와버린 내가 원망스러워 그런가 싶어 별이의 장난 앞에서 마음 한쪽이 순간 서늘해졌다가 이건 너무 비약과 오버다 싶어서 애써 온기를 되찾았다.

부모의 별거나 이혼 상황에서 중요한 건 보호자의 태도다. 엄마와 아빠가 성숙하게 서로를 존중하고 배려하는 모습을 별이가 볼 수 있게 노력하고, 가족의 형태가 바뀌는 것이 있을 법한 자연스러운 일이라는 것을 받아들이도록 의연하고 태연하게 행동할 것이다.

아이라는 약한 존재 앞에서 슬프고 애타는 마음을 가지자면 끝없이 무너져 내리는 것이 부모 마음 아닐까. 아이는 내 걱정만큼 약하지만은 않다는 것. 내가 내 삶을 충실히 살 때 아이에게 든든한 곁이 되어줄 수도 있다는 것을 늘 다시 생각한다. 내가 별이에게 줄 수 있는 것은 그런 것이다. 내 삶을 잘 돌보는 것 말이다.

오늘은 수술 후 두 번째 외래진료를 받고 왔다. 특별한 이상이 없고 앞으로 5년 동안 추적검사를 정기적으로 꾸준히 받으면 된다고 한다. 사방에 봄기운이 요란한 날이었다. 성북동에서 분당의 병원까지 따뜻한 볕을 쬐며 걷거나 버스를 타고 이동하면서 이 모든 일이 다 기적 같다고 생각했다.

분당서울대병원 암센터에 들어서면 수액과 피 주머니를 주렁주렁 매달고 겨우겨우 걸음을 떼며 걷고 있는 환자복 입은 내가 보이는 것 같다. 그런 날도 있었다. 끝나지 않을 것 같았던 괴로운 순간들을 버티던 날이. 그러니 조급할 것이 없다. 그때에 비하면 아주 멀리 온 것이다. 현기증이 날 만큼. 일단 새 살림살이들을 정리하면서 차차 여기서 뭘 할지 생각해보기로 한다. 아니, 뭘 꼭 해야 하나 싶기도 하다. 오히려 나는 가만히 있는 법을 배워야 하는 것 같다. 그래, 성북동에서는 그것을 하겠다. 가만히 있기. 천천히 가기.

흔들림의 균형

"균형은 정지 상태가 아니에요." 움직임 수업에서 종종 듣는 말이다. 한쪽 발에 무게를 실은 움직임을 하면서 흔들릴 때마다 진행자가 그렇게 말해줬다. 그러면 나는 '왜 이렇게 중심을 못 잡나' 싶었다가 '흔들린다는 것이 균형을 찾고 있다는 증거'라는 생각에 안심했다.

양수리에서 사흘을 보내고 어제 아침, 성북동에 왔다. 아직도 이삿짐을 정리하는 중이고 살림살이도 갖춰지지 않아서 뭘 해 먹거나 생활을 하기가 영 불편하다. 엊그제 별이한테 나는 내일 서울에 가니 며칠 잘 지내다가 다시 만나자고 했을 때 별이는 무심하고 씩씩하게 "응" 하고 대답했다. 별이는 그랬는데 나는 못 그랬다. 함께 있어주지 못해서 미안했고 함께 있지 못해 아쉬웠다.

오늘 집 정리를 하면서 벽 선반을 혼자 달다가 콘크리트 벽에 해머 드릴이 헛돌기만 하자 하던 걸 그대로 두고 무작정 밖으로 나와버렸다. 바람이 차고 햇볕은 따뜻한, 걷기 좋은 날이었다. 방에 걸 커튼을 하나 사려고 사직동 원단 가게에 갔다가 마음에 드는 게 없어서 그냥 나왔다. 동대문으로 가볼까 잠깐 생각했는데 떠올리는 것만으로 고단했다. 충동적으로 행동하지 말자, 부디 내 체력을 고려하자, 나를 달래어 집으로 가는 버스를 탔는데 그래도 이렇게 볕 좋은 날에 순순히 집으로 들어갈 순 없었다. 안국역이 보이자 그냥 내렸다.

인사동은 한산했다. 쌈지길에 갔더니 이래서 가겟세는 나올까 싶을 만큼 사람이 없다. 주인이 자리를 비운 상가들도 많았다. 손님을 기다리는 일은 얼마나 지루할까, 주말에는 좀 북적이기는 할까, 쓸데없고 도움도 안 될 걱정 속에 가게들을 둘러보다가 안경점에 들어갔다.

가볍고 작고 동그란, 무엇보다 튼튼한 안경이 필요했는데 그게 거기 있었다. 한산한 건물의 구석에 위치한 안경점이었기 때문에 거기까지 닿기 전에 그냥 뒤돌아가려고 했는데 이상하게도 발길이 멈춰지지 않더라니 (쇼핑 운명론자).

나는 안경을 아무 데나 벗어놓는 습관이 있는데 별이는 꼭 그 안경을 뭉개고 앉는 습성이 있다. 그래서 멀쩡한 안경이 없다. 오늘 쓰고 있던 안경도 테가 살짝 삐뚤어진 데다가 닦이지 않는 흔적들이 렌즈에 가득해서 세상을 깨끗하고 바르게 볼 수가 없다! 그렇게 돈 쓸 구실을 찾고 소비를 통해 마음의 안정을 되찾은 후에 건물 밖으로 다시 나왔다.

그때가 오후 대여섯 시쯤이었을까. 바람이 더 선선해지고 햇볕은 사그라들어서 고독감이 밀려왔다. 그런데 즐거운 고독이었다. 춤을 추고 싶은 고독이었다. 내가 드디어 고독하다니, 아, 너무 좋다, 하는 고독이었다. 나는 갑자기 손을 뻗어 뭘 만지는 것처럼 손을 오므려보았다. 혹시 만질 수 있지 않을까 하는 터무니없는 생각으로. 나는 공중에 손을 허우적대면서 속으로 '잘 기억해. 이게 자유다' 하고 혼잣말을 하며 웃었다.

그러다 별이가 생각이 났다. 별이가 보고 싶고 별이가 곁에 더 있어주고 싶은 마음이 떠올랐다. 다시 마음이 시렸다. 바로 전까지 춤을 추고 싶었는데 느닷없이 마음이 아팠다.

흔들림. 그러니까 나는 균형을 잡고 있는 것이다. 안정적인 행복, 정지 상태로 유지되는 즐거움 같은 것은 없다. 불행도 마찬가지다. 나는 자유를 만끽하고, 인생의 어떤 새로운 시작점에 마음이 충만하면서도 한편에서는 별이를 향한 시린 마음을 감당하고 있다. 여러 감정을 선명하게 느낄 때마다 나는 그것들이 서로를 상쇄하지 않는다는 것이 놀랍다. 나는 아프면서도 즐겁고, 행복하면서도 슬프다. 하루에도 수백, 수천 번씩 그 사이를 오가고 흔들리며 균형을 잡고 서 있는 것이다. 양수리도 보고 싶고 별이가 그립다. 그러면서도 지금 혼자 글을 쓰는 이 순간이 미치도록 좋기도 하다.

이중의 기쁨

양수리에서 사흘을 보내고 내일 아침 성북동에 갈 채비를 마치고 잘 준비를 한다. 성북동과 양수리는 일상의 밀도나 느낌이 판이해서 둘 사이를 오가는 게 아직은 어지럽다. 희열과 피곤함도 섞여 있다.

예상치 못했던 기쁨은 바로 상봉의 순간이다. 양수리에 오면 별이와 서로 소리를 지르며 반가움에 한참 꼭 안고 인사를 나눈다. 며칠 사이에 얼마나 컸나 하고 별이를 유심히 보게 되는데 자세히 보다가 나는 또 감탄을 한다. 이런 아이가 어떻게 나한테 왔을까 신기하다. 별이가 나에게 뭐라뭐라 말을 건네는 것과 폭폭하고 부드러운 포옹의 감촉이 새삼스럽다. 이 귀여운 작은 사람이 나를 '엄마'라고 부르는 것도 낯설고 신기하다. 내가 엄마라니, 그것도 이렇게 장성한(?) 어린이의 엄마라니. 정말 말도 안 된다.

그제와 오늘 저녁, 놀이터에서 나란히 그네를 타면서 별이의 학교 이야기를 들었다. 쉴 새 없이 이어지는 이야기의 시작은 대개 "○○이는 정말 너무해!", "○○이는 정말 나빠!"였다. 자기가 속상하거나 친구가 잘못한 일은 아주 큰 소리로 길고 자세히 말하다가, 자기가 잘못한 일은 아주 작게 얼버무리고 지나갔다. 그래도 빼먹지는 않고 꼬박꼬박 덧붙였다. "나도 바보라고 하긴 했어", "나도 좀 뛰긴 했어".

사흘 동안 별이를 내 방에서 재워줬다. 실은 별이가 나를 재워준 것이 진실에 가깝다. 별이를 꼭 안고 잘 날이 앞으로 얼마나 더 남았을까 싶고, 며칠 안 보고 지냈던 시간을 만회하고 싶은 마음에 별이가 "나 엄마 방에서 자도 돼?"라고 묻기가 무섭게 "그래!" 했다.

아직은 쉽지 않다. 기력이 쉬이 달리고 양쪽을 오가는 것은 분명히 무리가 된다. 성북동 집 정리도 생각보다 고단하고 품이 많이 든다. 하지만 양수리에 있으면 성북동에서 조용히 회복에 전념하며 내 하루를 착실하게 보낼 생각에 좋고, 성북동에 있으면 곧 별이를 만나 같이 복닥거릴 생각에 마음이 설렌다. 이런 이중의 기쁨이라니. 차차 적응을 하면서 힘든 건 점점 줄어들고 기쁨은 점점 커지길.

정말 못 말리는 똥강아지다

잃었던 체력을 보충하기 무섭게 사람을 만날 궁리를 하는 것이 강아지형 인간이다.

원래 체력이란 사람 만나려고 모으는 거 아닌가. 한 칸 찼으니 알차게 써보겠다며 집을 나서서 평창동으로 향했다. 지난 1년 동안 농사를 배우러 서울을 떠났다가 올해 돌아온 친구가 평창동의 초등학교에서 근무한다. 퇴근 시간에 맞춰 친구의 학교 정문 앞에서 기다렸는데 아마 나에게 꼬리가 있었다면 부지런히 흔들리고 있었을 것이다.

공기 중에 습기가 가득했고 더운 바람이 불었다. 오래된 동네의 고즈넉한 정취를 음미하면서 친구를 기다리고 있자니 마음이 평화롭고 설렜다. 힘들게 비축한 체력을 탕진하러 온 보람이 있다고 기뻐하는 중에 골목의 평화를 깨고 날카로운 목소리들이 귀에 꽂혔다.

학교 정문에서 50미터 거리에 있는 육교 위에서 5, 6학년쯤 되어 보이는 대여섯 명의 학생들이 싸우고 있었다. 모두 심각한 얼굴에, 목소리는 점점 커져가고 있었다. 나는 인도 바닥에 철퍼덕 앉은 채로 육교를 올려다보고 있었는데 갑자기 한 아이의 눈이 커지더니 소리쳤다.

"아 진짜, 선생님한테 왜 말해! 누가 말했어!" 아이의 시선을 따라 학교 정문을 보니 이 학교 선생님인 듯 보이는 분이 (뭔가 득도한 것 같은 표정을 하고) 뚜벅뚜벅 이쪽으로 걸어오고 있었다.

아이들은 육교에서 내려와 대체로 억울함과 원망 가득한 표정을 하고서 선생님을 중심으로 작은 원을 만들어 섰다. 선생님이 말할 때 한숨을 푹푹 내쉬며 "아 진짜, 아 진짜"를 연발하는 아이, 자기 말할 차례를 기다리다가 결국 흥분해서 다른 친구의 말을 끊는 아이가 있었고, 다른 친구나 선생님의 말을 집중해서 들으면서 사태를 해결하려고 애쓰는 아이도 있었다. 교사의 노력에도 불구하고 학생들 사이의 감정이나 입장 차이가 좁혀지지는 않는 것 같았고, 나는 동종 직업인의 고된 노동의 현장을 바로 눈앞에 두고 길바닥에 앉아 태평하게 구경하고 있다는 사실이 어쩐지 미안해졌다.

그렇다고 내가 거기서 뭘 하겠는가. 나는 그저 지난날 내가 만났던 학생들을 떠올렸다. 나 역시 억울한 아이들 사이에 수도 없이 둘러싸여 있곤 했다. 억울함을 호소하고, 고성을 지르고, 옆에 선 친구를 죽일 듯 노려보기도 하고, 분에 못 이겨 울며 뛰쳐나가는 아이도 있었다. 이런 일들은 전국 모든 교사들의 보편적 경험일 것이다. 육탄전을 말리러 간 나를 향해 주먹을 치켜든, 나보다 키도 한참 크고 덩치도 큰 남학생도 있었다(천만다행히도 차분히 눈을 맞추며 주먹을 내리게 할 수 있었고 이후 눈

물의 사과도 받았지만 여전히 가슴 철렁한, 아찔한 기억
이다. 다시는 겪고 싶지 않다).

교실에서 하루에도 몇 번씩 생기는 갈등 상황에서
교사는 양쪽의 사연을 헤아리며, 특히 흥분한 아이의 마
음을 안정시키는 동시에 서로의 입장을 고루 이야기할
기회를 주고 해결 방법을 찾을 수 있게 도와야 하는데,
어느 때는 이 모든 게 물 흐르듯 순조롭게 잘되어서 나의
직업 전문성에 스스로 감탄할 때가 있는가 하면, 어느 때
는 중간에 끼어든 나 때문에 오히려 사태가 파국으로(!)
치닫는 때도 있었다. "선생님은 왜 ○○이 말만 들어요?",
"아 진짜 왜 저한테만 그래요!"(교실 문 쾅 닫고 뛰쳐나
감.)
앞으로 5개월 후면 복직 예정인 나는, 오랜만에 헐
렁헐렁 친구를 만나러 왔다가, 난이도 높은 교사 노동의
현장을 본의 아니게 지켜보다가 생각했다. 내가 복직해
서 저 에너지를 다 감당할 수 있을까. 저렇게 학생들과
한차례 이야기를 나누고 나면 체력 배터리는 한 칸 두 칸
뚝뚝 떨어지고 말 텐데. 오늘 같은 날, 고작 한 칸 찼다고
평창동까지 쪼르르 온 내가 한심하게 느껴지려고 한다.
열심히 도토리를 모으는 다람쥐처럼, 남는 체력을 살뜰
하게 모으고 관리해야 하는 처지가 아닐까. 난 지금 여기
서 뭐 하고 있나.
이런 고뇌에 빠져 있는데 학교 안에서 친구가 걸어

오는 게 보였다. 오랜만에 만난 친구의 얼굴에 스민 반가운 미소를 보니 멈춰 있었던(그러니까 만약에 있었다면 말이다) 꼬리가 다시 세차게 흔들리기 시작했다.

땅을 박차고 일어나 친구를 향해 걸어가는 동안 결심했다. 복직이나 내 건강 상태에 대한 불안감 같은 것은 마음 바깥으로 슥슥 밀어버리고, 오늘은 일단 오늘의 도토리를 맛있게 먹기로. 5개월 후의 일은 5개월 후에 생각하기로.

평창동에서 부암동, 경복궁을 지나 종로까지 함께 걸었다. 푸른 잎들이 막 돋아나는 덤불과 선선한 봄바람에 흔들리는 연둣빛 나무들 사이로 드문드문 늘어선 힙한 상점들을 지나며 친구의 농촌 생활, 연애 이야기, 가족사 등등 그간 밀린 이야기를 나누었다. 그러다 점점 눈빛이 맑아지고 몸도 가벼워지고 있는 나를 보면서 깨달았다. 나는 나만의 방식으로 도토리를 모으는 중이라는 걸. 집에서 늘어지게 한숨 자고 일어나 요가를 한 시퀀스 끝냈다고 해도 이보다 더 가볍고 상쾌할 수는 없었을 것이다. 하지만 체력 조절은 중요한 미션. 아쉬움을 감당하며 서로의 휴식을 위해 이른 저녁에 헤어지는 절제력을 발휘했다. 먼저 버스를 탄 친구를 향해 버스가 눈에 안 보일 때까지 손을 흔들었다. 그런 나를 창피해하지 않고 버스 안에서 끝까지 같이 손을 흔들어주는 친구에게 고마움을 느끼며 돌아서는데 씨익, 하고 마스크 아래에서 입꼬리가 올라간다. 오늘 하루가 마음에 들었다. 나는 정말 못 말리는 똥강아지다.

'초연한 나'가 밤새 해준 말

이틀 전, 밤새 구토를 했다. 밤을 새워 아파본 것은 오랜 만이었다. 맞아 이런 느낌이었지, 이런 죽을 맛이었지. 왜 안 아플 때는 그렇게 까맣게 잊어버리고 살까. 아픔에 익숙해질 수는 없겠지만, 자주 아파보니 약간의 초연함 이 생기는 것도 같다. 긴 팔을 이용해서 한 손으로 내 등 을 내가 두드리며 다른 한 손으로는 변기를 붙잡은 채로 먹은 것들을 차례대로 다 토하고 난 후에 침대에 누웠다 가 불편해서 벌떡 일어나 방을 서성대다가 다시 누웠다 다시 서성대다가 또 변기로 달려갔다가 눈물과 콧물을 닦으며 욕실을 나오는 나를, 또 다른 내가 보고 있었다. 마치 이 모든 일과는 아무 관련이 없는 듯 초연한 나였 다. 이 시간이 다 지나갈 것을 아는 나였고, 이런 증상이 어떻게 시작해서 어떻게 끝나는지 아는, 결국은 괜찮아 진다는 것을 아는 나였다. 그 '나'는 아픈 상태의 나를 격 려하고, 부정적인 생각에 사로잡혀 내가 스스로를 세상 에서 제일 불행하고 외로운 사람인 것처럼 대할 때마다 그게 사실이 아니라는 걸 상기시켰다. '넌 아파서 약해진 거야' 하고 속삭여줬다.

결코 아픔에 익숙해질 수는 없겠지만 나는 이런 '나' 의 도움으로 한결 침착해진다. 시간이 지나가길 기다린다. 새벽 1시, 2시, 3시가 넘어가고 날이 밝아온다. 증상은 차츰 나아지고 '나'가 맞았다는 것을 알게 된다. 그리고 이렇게 괜찮아져서 아팠던 밤을 복기해본다.

　나는 내가 하룻밤을 매우 어른스럽게 아팠다고 생각한다. 혼자 사는 어른이 아파야 한다면 이 정도 의연함이 있어야 할 거라고 상상했을 때의 딱 그 의연함이었다. 아픈 와중에 자책하거나 과거의 상황을 탓하지 않았다는 것이 특히 자랑스러웠다. 나는 아몬드를 먹고 체한 것으로 자가 진단을 내렸는데(알고 싶지 않았지만 구토를 하면서 내 눈으로 확인했다) '에잇 왜 아몬드 같은 것을 먹어가지고!'라거나 '아몬드같이 기름진 걸 먹으려면 좀 성실하게 씹어서 먹을 것이지 왜 그렇게 경솔하게 먹은 거야!'라든가 '아몬드가 문제가 아닐 거야. 요즘 스트레스 관리가 안 된 거야. 뭐지? 내가 뭐에 신경을 쓰고 있는 거지?' 같은 식으로 쓸데없이 스스로를 몰아세우지 않았다.

　살다 보면 아플 수도 있는 것이다. 아주 자연스러운 밤이었던 거다. 이것도 그 '초연한 나'가 밤새 해준 말이었다. 도대체 이 '초연한 나'는 어디서 온 거지 생각해보니, 암 병동이었던 것 같다. 그래서 암에 걸렸던 일이 나로서는 행운이었다고, 너무 과한 긍정이 아니냐며 누군가는 비웃겠지만, 나는 진심으로 그렇게 생각한다.

다시 그 질문 앞에 섰다

별이랑 광주 본가에 다녀왔다. 엄마의 칠순이었고 별이에게는 미안하지만 나는 별이를 이용해서 효도를 했다. 손주와 보내는 시간이 엄마에게는 가장 큰 선물이었으니까. 그리고 나는 녹초가 되었다. 광주에 다녀오는 일은 한 번도 쉬웠던 적이 없지만 이번에는 유난히 힘들었다. 광주에 가면 혼자 추억의 공간들을 낯설게 여행하는 즐거움이 있었는데 이번에는 코로나로 사흘 내내 집 안에 머물러야 했다. 그건 감옥이었다. 어떤 감옥이었냐면 과거의 불안하고 불우했던 어린 나에게 주도권을 뺏기고, 내가 그동안 서서히 착실하게 쌓아 올린 명랑하고 안정적인 경험과 정서가 돌연히 낯설어져버리는, 그래서 내가 누구인지 모르겠고 나를 둘러싼 모든 공기가 나를 짓누르는 것 같고 숨도 잘 쉬어지지 않는 와중에 훌쩍 커버린 나의 별이가 그런 내 곁에서 나를 믿고 사랑하는 눈빛으로 바라보는 것을 느끼면서 아무렇지 않은 척 숨이 잘 쉬어지는 척 내내 연기를 해야 하는 그런 감옥이었다.

별이를 양수리에 보내고 혼자 성북동에 와서 짐을 풀고 작은 블루투스 스피커에 음악을 연결한 후에 요가 매트에 널브러져 누웠을 때, 그제야 나는 숨을 쉬는 것처럼 쉴 수 있었다. 숨을 들이마셨다가 내뱉는 일이 얼마나 힘든 일이었는지를 떠올리며 나는 자연스럽게 숨이 쉬어지는 것을 신기하고 감사하게 생각했다.

　　서울로 독립을 한 후 15년간 나는 한 번도 집을 그리워한 적이 없다. 결혼을 하고 나서도 '친정'을 떠올릴 때 사람들이 보통 느낀다는 포근함이나 편안함 등의 감정도 가져본 적이 없다. 그렇다고 자라면서 엄청 불행하다고 감각한 것도 아니다. 아빠가 특이하다는 것은 알았지만 그건 다 아빠만의 사정이 있을 거라고, 엄마가 아빠를 견뎌냈으므로 나는 그것이 견뎌낼 수 있고 견뎌내야 하는 종류의 특이함이라고 넘기면서 살았다. 그렇게 넘겨서는 안 되는 것임에도 어린이는 그렇게 한다. '당연한' 환경에 둘러싸여 자신의 경험을 '당연하지 않은' 관점으로 해석할 힘이 없다.

　　어른이 되어 책을 읽고 공부하고 힘이 생기고 얼마간 똑똑해진 후에도 나는 내가 자란 가정환경을 간단하고 보편적인 언어로 명명하지 못했다. 지금은 할 수 있다. '나는 아빠의 가정폭력 아래에서 학대를 받으면서 자랐다.' 최근까지도 이 간단한 문장이 나를 설명하지 못한다고 믿었다. 학대 가정이라는 것은 보다 더 전형적이고 극단적이며 나의 불행보다 훨씬 더 깊고 선명해야 한다고 믿었다. 아빠의 폭력은 가부장제, 인격장애, 나르시시즘, 허언증, 조울증 같은 길고 특별한 사정과 언어로 설명되어야 한다고만 믿었지, 내가 그 안에서 어떤 경험을 해왔을지, 그것이 어떤 종류의 학대였을지에 대해서는 깊이 생각해본 적이 없었다. 그런대로 보통의 경험과 보통의 유년 시절을 가졌다고 대충 넘겨버렸다. 그래도 엄마는 헌신적인 사람이었고 앞장서서 자기 앞가림을 잘 해나가는 (지금 생각해보면 K-장녀의 완전체인) 언니가 있었고, 나는 천성적으로 밝은 사람이라 사람들과 잘 어울렸으며 공부도 적당히 해냈으므로, 그만한 성적과 그만한 성격으로 이만큼 살고 있으니 되었다고, 그렇게 대충 넘길 수 있었다.

십대에는 자기 보호자에 대한 일종의 '해맑은' 신뢰로, 이십대에는 자기 불안과의 싸움으로 마주하지 않았던 유년 시절의 불우함은 삼십대가 되어 어른스러움을 어느 정도 획득했다고 믿으면서 직면하지 않을 수 있었다. 실제로 많이 단단해지고 성숙해지면서 일정 정도는 돌파하기도 했을 것이다. 그 시절의 나는 종종 혼자 되뇌었다. '좋은 아빠를 만났으면 좋았겠지만 그게 내 아빠가 아닌 걸 어쩌겠어', '똑똑하고 사려 깊은 부모님을 만나는 운을 누군가는 가졌겠지만 그 운이 내 것이 아닌 걸 어쩌겠어' 이렇게 혼자 중얼거리고 나면 이제는 나의 유년 시절이 나를 어쩌지 못할 만큼 나만의 세계를 구축한 힘 있는 어른이 된 것 같았다. 유년기의 경험을 결정적인 것으로 여기게 만드는 심리학에 대해 가장 신랄한 비판을 가하던 때이기도 했다.

아마 내 인생이 별 탈 없고 순조로웠다면, 나는 유년기의 불우함을 그런대로 '극복'한 성숙한 어른으로 사십대를 맞이했을 수도 있겠다(아, 그럴 수 있었다면 얼마나 좋았을까). 하지만 나는 약해지는 경험 속에, 혼자서는 도저히 일어날 수 없을 만큼 약해진 상태가 되면서 십대에 던졌어야 할 질문 앞에 다시 섰다. 나는 아버지를 용서할 수 있을까. 지금은 앙상하고 약해진 그를 용서한다는 것은 어떤 방식일 수 있을까. 가정폭력 가해자들이 노년에 이런 식의 '반칙'을 하는 일은 흔하다. 나에게 포악하게 힘을 휘두르던 억압자는 어디에도 없다. 늙고 약해진 채로 힘없이 앉아 눈을 꿈뻑이며 나를 바라본다. 나는 내가 그를 용서할 수 있을지, 있다면 어떻게 할 수 있을지 질문하다가, 그보다 내가 그의 딸이 되었으므로 그저 겪어야 했던 그 많은 경험들로부터 내가 얼마만큼 자유로워질 수 있는지가 궁금해진다. 그 많은 경험들을 내가 제대로 해석할 수 있는지, 필요한 만큼 복기하고 다시 정의할 수 있는지, 어린 나를 내가 달래고 위로할 수 있는지. 하지만 그 모든 것을 해내기 전에, 어쩌면 시작도 하기 전에 아빠가 죽을지도 모른다. 그것이 두렵기도 하다.

일단 오늘은 숨을 쉬게 되었으니 그걸로 되었다고, 이제 안전하고 평화로운 성북동의 내 작은 집에 도착했으니 여기서부터 다시 차근히 하면 된다고, 하다가 힘들면 말아도 된다고, 지금의 나를 달랜다.

이혼정보회사

이게 보편일 것이다. 내 친구들만 특별히 쓰레기 같은 남편을 만나서 힘들게 사는 것은 아닐 것이다. 어떤 남편들은 하는 짓이 너무 똑같아서 어디서 '쓰레기 같은 남편 되기' 강의라도 하는 건가 의심될 정도다. 비슷한 시기에 결혼한 친구들은 이제 대부분 결혼 10년 차가 넘어가고 있고, 속속 이혼을 결심하는 친구들이 생겨나고 있다. 이제라도 용기를 내서 다행이라고 생각하면서도, 얼마나 많이 참고, 견디고, 망설이고, 결단하고, 포기하고, 포기했다 후회하고를 반복한 세월이었을까를 헤아려보면 속이 상해 미칠 것 같고, 혼자 거친 욕을 하며 집 안을 걸어 다니다가 뭐라도 써보자고 책상에 앉아 노트북을 편다.

　쓰레기 남편 때문에 힘든 친구들에게 나는 한결같이 이혼을 독려하고 다른 선택은 없다고 주장하는, 소수의 사람이었다. 자기한테 이혼하라는 사람은 주변에 나밖에 없다고 말하는 친구도 있어서 나는 놀라기도 하고 분노하기도 했다. 세상이 이렇게 작심하고 기혼 여성의 삶을 일그러뜨리는구나 하는 환멸감. 남편뿐만 아니라 온 세상의 가스라이팅(다 그렇게 산다는, 더 심한 남편도 있으니 그 정도는 참고 살 만하다는, 아이한테는 그래도 엄마가 있어야 한다는)에 스스로가 얼마나 멋지고 근사하고 빛나는 사람인지를 잊어버리고 사는 것 같은 친구들이, 둘러보면 도처에 있었다. 결혼 전의 빛나고 생기 넘치던 얼굴에 드리운 그늘 같은 게, 이혼을 만류한다는 가족이나 오래 알고 지낸 지인들의 눈에는 정말 안 보이는 걸까. 아무리 우리 모두 정상가족신화에 젖어 산다고 해도, 그래도 한 사람이 빛을 잃어가는 것 정도는 눈치챌 수 있어야 하는 것 아닌가.

한 친구는 교회 신자라는 이유로, 교회의 수구적인 커뮤니티 문화 속에서 마땅히 이혼해야 하는(남편이 폭력을 저지르는) 상황에서도 이혼을 안 하고 버티는 것 같았기 때문에, 나는 그 친구의 하나님을 정말 미워했다. 오랫동안 미워했다. 지금도 미워한다.

누구나 그때는 최선이었겠지만 시간이 지나고 보니 후회되는 선택 같은 걸 한다. 당연히 남편을 정하는 일도 그렇다. 서로 노력해서 함께 성장하는 부부 사이가 있을 수도 있겠지만, 10년을 넘게 살면서 친구들이 겪어낸 일들을 생각하면, 애초에 글러먹은 관계도 있는 것이다. 특히 페미니즘의 언어가 삶에 스미지 않았던 시절 나이의 압박에 떠밀리듯 선택한 결혼이라면, 아내나 엄마가 아닌 동등한 한 인간으로 나를 존중하고 사랑할 수 있는 사람을 고를 만한 안목이 없던 시절의 선택이라면, 글러먹은 남편감을 골랐을 가능성이 높아지는 것이다. 거기에 애초에 여성을 인간으로 존중하는 남자라는 게 현실에

많기나 했을까. 이것은 복잡할 것도 없는 단순한 확률의 문제다.

인생은 짧기도 하고 길기도 하다. 인생이 짧다면 짧은 인생을 그렇게 허비해서는 안 되는 것이고, 길다면 긴 인생을 그런 쓰레기와 끝까지 갈 수는 없는 것이다. 바로잡을 수 있어야 한다. 근데 그게 정말이지 간단치가 않다.

페미니즘 리부트가 일어날 무렵, 그러니까 2015년에서 2016년 즈음에, 나는 모든 여성들의 삶이 북돋음을 받는 세상을 상상했고 그럴 수 있을 거라고 믿었다. 기혼 여성들이 부조리한 결혼 생활에도 불구하고 이혼이라는 선택지를 선뜻 집지 못하는 현실 여건들에 대한 대안이나 토양을 같이 마련할 수 있을 거라고 믿었다. 그런 게 연대라고 생각했다. 여성이 결혼 제도 안에서 겪는 부당함과 부조리함이 터져 나오듯이 이야기되는 것은 그 자체로 중요한 연대이기도 했다. 비/미혼 여성의 결혼으로의 진입을 막고, 결혼에 대한 사회의 압박을 조금씩 덜어내는 데 일조를 할 테니까. 어떤 사람들은 분연히 일어나 부조리한 제도 바깥으로 걸어나올 수 있겠지만 그럴 수 없는 사람들이, 내 주변만 생각해도 훨씬 많으니까.

순진했던 기대와는 달리 이제는 명절이 되어도 기혼 여성들의 성토 같은 것은 철 지난 담론이 되어버리는 듯한 SNS상의 분위기와 오히려 기혼 여성을 두고 가부장제의 '부역자'라는 낙인이나 검열 같은 게 생겨나는 걸 보고, 참담한 마음을 한구석에 이고 살았다. 페미니즘에 관심이 없는 기혼 친구들은 자기의 고통을 정확히 인지하고 발화하기 어려운 것 같았고, (나를 포함한) 페미니스트 기혼 친구들은 종종 '부역자'라는 말 앞에서, 바깥에서의 비난과 내면의 검열에서, 말을 멈추곤 했다. 연대라는 게 왜 이렇게 힘들어야 할까. 그냥 선 자리에서 격려받고 응원받을 수는 없는 걸까. 어떤 선택을 해도, 우리가 있다고, 그렇게 말해줄 수는 없는 걸까.

결혼 10년 차에 어떤 친구는 드디어 이혼을 결심하고 어떤 친구는 아직은 아니라고 한다. 어떤 친구는 결심을 할 결심을 하지 못하고 어떤 친구는 결심을 하겠다는 결심까지는 한 상태이다. 다 괜찮다고, 어떤 삶을 살든 네가 최고라고, 진짜 너는 빛나는 사람이라고, 내가 계속 매일매일 질리게 말해줄 거다(그러면서, 이혼은 진짜 해야 한다고도 말할 것이다).

나는 오래전부터 이혼정보회사를 차리고 싶다는 꿈을 갖고 있다. 여러 가지 이유로 이혼을 망설이는 사람들에게 충분한 정서적 지원을 하고, 경험자들과의 네트워크를 통해 롤 모델을 찾거나 이혼 후의 삶을 긍정적으로 상상하게 돕고, 필요한 경우 변호사를 연결해주는 회사 말이다. 특히 유자녀 부부의 이혼이 어려운 경우가 많으므로 필요에 따라 육아 지원, 돌봄 공동체 지원을 하고 이혼 가정에 대한 인식 개선을 위한 교육기관 및 돌봄

시설 대상 강의와 캠페인 등도 연다. 이름도 정했다. '이혼할래'. 질문과 권유의 말이기도 하고, 결단의 말이기도 하다. 공무원 겸직 금지 조항과 자본 부족으로 내가 당장 하지 못하지만 누구라도 이 아이디어를 활용해 만들면 좋겠다. 왜! 결혼정보회사는 있는데 이혼정보회사가 없느냔 말이다.

내 머릿속에서 일어나는 일

팟캐스트를 들으면서 산책하는 걸 좋아했는데 요즘은 그냥 걷는다. 집안일을 하거나 식물을 돌보면서도 아무것도 듣지 않는다. 한동안 팟캐스트나 오디오북, 특히 넷플릭스에 삶을 맡겨놓은 것처럼 살았다. 나 자신과 있는게 세상에서 가장 재미없고 지루했기 때문이다. 외롭기도, 괴롭기도 했다. 불쑥불쑥 내 의지와 상관없이 올라오는 기억과 감정들이 성가시고, 한없이 가지를 뻗는 생각들을 쫓다 보면 별로 한 일도 없이 지쳤다. 그런 나를 단박에 즐겁고 스릴 있는 세계로 이동시켜주는 게 넷플릭스였고, 정리된 생각을 자연스럽게 술술 말해주는 사람들이 팟캐스트에 있었고, 귀에는 잘 안 들어오지만 내 삶보다 분명히 더 재밌어 보이는 이야기가 성우들 목소리를 통해 귓가에 울리고 있으면 안심이 되었다.

좀 극단적이긴 하지만 요즘은 내 머릿속에서 일어나는 일이 제일 재미있다. 나이가 들면서 기억과 경험이 쌓인다는 것이 이제야 축복처럼 여겨진다. 양수리를 걸으면서 순식간에 어렸을 때 살았던 동네 골목길에서 놀고 있기도 하고, 대학교 캠퍼스의 연못가에도 앉아 있다가, 첫 발령 학교의 회식 자리에 있기도 하고, 지인에게서 중고차를 받아 조심조심 집으로 운전해 오는 중이기도 하다. 첫 연애가 지지부진하게 끝났을 때이기도 하고, 방금 낳은 작은 별이 사진을 찍어서 출산했다고 카카오스토리에 올리는 중이기도 하다.

대체 어떤 연결고리 때문에 갑자기 내 의식 위로 떠올랐을지 알 수 없는 무수한 과거의 기억들, 섬광처럼 스쳐 가는 찰나의 기억들을 나는 굳이 붙잡지 않고 흘러가게 두고 지켜본다. 물속에서 자유롭게 헤엄치다가 수면 위로 힘차게 날아오르는 활기찬 물고기를 보는 마음 같다고 할까. 오, 또 한 놈이 힘차게 튀어 올랐구먼! 오, 이번에는 요놈이구먼. 아이고, 싱싱하구먼! 아이고, 이런 놈도 있었구먼!

재미가 있다. 무척 재미있을 뿐 아니라 충만한 느낌이다. 신기하게도 내면에서 일어나는 일에 편안하게 집중할수록 바깥의 자극도 선명하게 지각된다. 카메라 초점이 내 마음과 바깥, 두 개의 풍경 사이를 쉴 새 없이 이동하는 듯한데, 번잡스럽기보다 고요한 활기를 주는 느낌이다. 지나가는 사람들의 표정과 얼굴에 잡힌 주름 같은 것이 전에 없이 선명하게 느껴진다. 저마다 무슨 사연과 고달픔을 안고 살아갈까 짐작해보게 되고 괜히 말을 걸고 싶어서 슬금슬금 다가가기도 한다.

며칠 전에는 성곽 길 매실나무에 올라가 매실을 따는 아주머니를 보고 괜히 말 걸고 싶어서, 알면서도 "뭐 따시는 거예요?" 하고 물어봤다(나는 보통 할머니나 아주머니들에게 말을 건네는데, 열이면 열 반갑고 다정하게 말을 받아주지 쌀쌀하게 모르는 척하는 사람은 한 사람도 없었다. 말을 걸어보면 세상이 내 생각보다 얼마나 친절한 곳인지 알 수 있다). 지나다 마주친 낯선 사람과 사소한 이야기를 나누며, 내 기억을 헤집던 과거의 여행에서 생생하게 다시 현재로 돌아오는 순간이 즐겁다.

오늘은 별이랑 성곽 길을 걷다가 공원에서 운동기구로 운동을 하는 어르신이랑 별이 나이의 아이를 키우는 일에 대해 이야기했다. 별이가 '거꾸리' 운동기구에 누웠지만 전혀 거꾸로 내려가지 않자 나는 별이에게 "키가 더 커야 할 수 있겠다"라고 말한 후에 옆에 계신 어르신을 향해 곧바로 덧붙였다. "근데 금방 커버리겠죠? 너무 아쉬워요. 아이가 크는 게 너무 아쉬워요." 어르신은 금방 큰다고, 정말 금방 큰다고, 정말 깜짝 놀랄 만큼 시간이 빨리 가버린다고 연신 맞장구를 치셨다.

어떤 날에는 산책을 시작할 때쯤 추어탕집에서 푸른 배추를 한 트럭 실어 내리는 것을 봤는데 서너 시간쯤 걷고 다시 오니, 푸른 잎은 다 사라지고 하얗게 드러난 속이 반으로 댕강 잘려서 고무 다라이들에 꾹꾹 눌러 담겨 있는 걸 봤다. 예전 같으면 나만의 비애나 상념에 몰입해서 이런 풍경쯤은 무심코 지나쳤겠지만 요즘 내 산책길에서는 배추도 주인공이 된다. 내가 한가로이 강변을 걷는 동안 바쁘게 움직였을 손들과 푸른 잎이 하나씩 뜯기고 하얗게 절여졌을 배추를 생각하니, 내가 다 보지도 담지도 못할 세상 여기저기가 분주하게 돌아가는 소리 같은 게 생생하게 들리는 것 같았다.

요 며칠 바람도 좋고 볕도 좋다. 뭐 하나 안 좋은 게 없다. 양수리 세미원이나 성북동의 성곽 길을 걸으면서 인스타그램에 이 좋은 순간을 남길까 말까, 저 예쁜 꽃을 접사로 찍어서 올려야 하지 않을까, 주머니 속의 휴대폰을 만지작거리면서 진지하게 고민할 때가 있다. 세상에 그런 게 고민이라니. 이런 하찮은 일을 고민하면서 평화롭게 걷고나 있다니. 이상하다. 이렇게 삶이 평탄할 리가 없는데.

곧 넷플릭스의 재미있는 드라마들이 새로운 시즌을 내놓을 것이고 나는 힘들거나 지루한 현실을 내팽개칠 시간이 간절해서 다시 과몰입을 하겠지. 당연하다. 아무리 자기 삶이 재밌는 사람이라도 어떻게 넷플릭스를 이길까. 나는 굳이 그걸 이기고 싶지도 않다. 다만 당분간은, 나의 과거를 향유하는 동시에 현재를 충실히 둘러보며 다른 서사와 자극이 없어도 충분히 즐거운 휴식 같은 지금을 즐길 것이다. 할 수 있는 한 오래, 내 머릿속에서 일어나는 일을 재밌게 관람해보겠다.

약해진 날의 기록

어젯밤에 수면약을 놓고 양수리로 가는 바람에 밤을 꼴딱 새웠다. "엄마 오늘 자고 가는 거지?"라고 물었을 때의 즐겁고 안심하는 표정 때문에 별이를 양수리에 내려주고 바로 성북동으로 올 수가 없었다. 약이 없으면 못 자는 주제에 덤벙대기는, 하는 자책이 잠깐만 방심하면 튀어나왔다. 나의 경우에는 잠을 못 잘 때 가장 활성화되는 뇌 기능이 자책인 것 같다.

　　나는 오늘 하루 종일 자책을 할 것이었다. 그중 잠을 못 자는 일에 대한 자책을 제일 많이 할 것이었다. 약이 없으면 못 자는 것에 대한 무력감을 느끼고, 그게 엄청난 삶의 문제인 것처럼 비탄에 빠질 것이었다.

　　수면 문제는 삶에서 중요하기는 하지만 그것을 문제라고 인식하면 할수록 더욱 해결하기 어려워지는 문제가 되고 만다. 보통 활력 있고 정신이 맑을 때는 숙면의 어려움이나 약에 의지해서 잠드는 일에 대해 오히려 무감하고 무심하게 된다. 그 무심함이 수면의 질을 끌어올려주는 선순환이 일어난다. 그런데 이렇게 밤을 지새우고 나면 수면 문제가 삶의 전면에 배치되며 선순환이 끊어진다. 잠 문제에 몰두하기 시작한다. 나는 왜 잠을 스스로 못 자나, 약 없이 못 자는 이런 상태가 '정상'인가,

언제까지 이럴 것인가, 수면 위생에 너무 신경을 안 쓰는 탓은 아닌가, 휴대폰을 너무 들여다봐서 그런 거 아닌가, 나는 정말 문제가 많은 인간 아닌가.

뜬눈으로 속절없이 아침 9시가 되어가는 시계를 보면서 오늘 하루가 얼마나 성가실까 생각했다. 회복에는 보통 일주일 정도가 걸릴 테고 아마 오늘이 제일 괴로울 것이었다. 잠이 부족하면 그냥 자면 해결될 일이라고 생각할 사람이 있다면 정말 부럽다. 잠을 못 잔 다음 날은 더욱더 잠들기가 어렵고 미치도록 피곤하기만 하다. 그래서 미리 마음의 준비를 했다. 나는 오늘 취약해질 것이고 괴로울 것이다.

다행인 점은 처음 겪는 일이 아니고 이미 많이 겪었기 때문에 반복된 패턴이 있다는 것이다. 그것을 내가 알고 있고 이 모든 것은 또 지나간다는 것을 알고 있다. 나는 약해진 내가 무엇을 생각하고 어떤 감정을 통과할지 새삼 궁금했다. 요즘 컨디션이 꽤 좋았기 때문에 어느새 취약해진 상태의 내가 어땠는지 잊고 있었던 것 같다. 약한 상태에서야말로 강해질 수 있다. 무엇이든 할 수 있을 것 같을 때, 한없이 자율적이고 독립된 인간으로서 구실을 할 수 있다고 믿을 때의 인간이 가장 약한 상태라는 것을 이제는 안다. 사실 며칠간 나는 단단한 땅이 아니라 구름 위에 둥둥 떠서 살았다.

그러니 취약해질 오늘을 한편으로 기대했다. 오늘

대체로 무슨 생각을 하게 될까 하고 가만히 관찰한 결과, 하루 종일 나는 생각을 안 하기 위해 필사의 노력을 하고 있었다. 무슨 생각을 해도 나는 '술 취한 코끼리'처럼 불안하고 과격해질 것이었으므로 생각을 하지 않는 지대에 머무르려고 애를 썼다. 한편으로는 쌩쌩할 때는 떠오르지 않던 질문과 갈망들을 끝없이 쏟아내고 있었다. 공동체에 대한 질문과 갈망이었다. 약해졌을 때, 혼자 설수 없을 때, 서로를 돌봐줄 깊고 단단한 관계망에 대한 갈망, 그것을 어떻게 만들어나갈지에 대한 질문.

어젯밤에 최근 지속적으로 교류 중인 친구와 카톡으로 대화를 나누던 중에 내가 수면약이 없어서 오늘 밤이 불안하다고 말하자 그 친구가 말하길, 자기는 자장가를 잘 부른다고 했다. 자기 자신을 재울 정도라고 했다. 나에게 필요한 것이었지만 당장 불러달라고, 내가 그게 필요하다고 말할 수 없었다. 사람 사이의 관계는 한쪽에서 용감하게 선을 넘고 벽을 허물면서 발전하기도 하지만 보통은 꾸준한 시간과 노력에 의해 친밀하고 깊어진다. 그와 나 사이에는 아직 친밀함의 계좌가 다 차지 않은 것이다. 자장가를 불러주는 관계가 생길 수 있다는 그 가능성만으로도 부자가 된 느낌이기는 했다. 나는 이제 인생에서 그런 것들에 집중할 것이다. 소비하는 데서 얻는 위로 같은 것은 너무 하찮고 질린다. 나를 위한 선물이라고 돈을 쓰는 것도 싫다.

갈수록 버티기가 힘들다. 미투 운동이 지난 뒤에 안티페미가 당 대표가 되고 '진보' 정당조차 페미니즘 실현을 당헌 당규로 삼지 않는 시국에 페미니스트의 익명성과 고립감은 너무 불안하고 잔인하다. 서로를 일으켜주고 돌봐주는 법을 배우고 실천하는 게 운동의 시작이고 어쩌면 전부일 수도 있겠다는 생각을 했다. 그동안 나는 파이어스톤과 같은 급진적인 페미니스트 사상가의 영향을 많이 받아왔지만 언제부턴가, 구조에서 비롯된 개인의 불행을 운동의 연료나 도구로 활용하고 싶지 않다. 서로를 일으키고 돌봐주는 법을 배우는 것부터 시작하면 좋겠다고, 그게 불안한 시대의 새로운 운동이면 좋겠다고, 약이 없어 잠을 못 자 감기는 눈을 하고 생각했다.

나 자신에 대한 자책으로 흐를 수 있는 생각은 멈추려고 애썼지만 이런 생각은 많이 했다. 약해졌을 때 특화될 수 있는 생각의 영역이었으니까. 그러니까 이것은 다시 강해질 날의 망각에 대비하는, 약해진 날의 기록이다.

오늘밤은 잘 자려고 (어차피 잠들지도 못하고 머리만 멍하게 할) 낮잠을 청하지 않았다. 드디어 이제 하늘이 어둑해지기 시작한다. 약 먹고 자자.

죄책감과 휴식

우울증으로 잠시 직장을 쉬고 있는 친구를 만났다. 친구는 잘 쉬어야 할 것 같은데 어떻게 쉬어야 할지 모르겠다는 고민을 털어놓았다.

맙소사, 그 분야는 내 전문이었다. 잘 쉬어서 학교도 복귀하고 일상을 찾고 싶은데 아무리 노력해도 길이 없어 보였다. 3년을 그렇게 살다가 이제야 좀 길을 찾은 상태가 되었다. 그러니 내 나름의 비법이랄까 조언이랄까, 친구에게 해주고 싶은 말이 많았다. 하지만 힘들고 기력 없는 사람 앞에서 그런 말들이 얼마나 도움이 될까 싶어 말을 아꼈다(친구는 '네가 딱히 말을 아낀 건 아니었어'라고 말할지도 모르겠다. 나는 아낀 게 그 정도야 친구야). 못다 한 말을 적어보겠다. 도움이 될 사람이 있을 거라 믿는다.

무엇보다 죄책감을 내려놓기 위해 노력하는 게 중요하다. 좋은 휴식에 대한 이상적인 이미지를 고정시켜놓고(일찍 자고, 산책을 하고, 좋은 음식을 챙겨 먹고, 매일 운동을 하고 등등) 그것으로 나의 일상을 감시하고 평가하면서 갖는 감정 말이다. 빼어난 사람들은 많고 그것을 표출할 수 있는 방법 또한 무궁한 세상에서, 어렸을 때부터 남과 비교하고 경쟁하도록 부추김을 당하면서 우리는 뭘 해도 부족하다고 느끼고 죄책감을 갖게 세뇌된 것 같다. 성과에 대한 압박은 집요해서 휴식을 하면서도 은연중에 휴식의 성과를 추궁하게 된다. 내 주변이 유독 그럴지 모르겠지만(교사는 모범생이 많은 집단이다) 모두가 지나치게 열심히 하면서 지나치게 스스로에게 가혹하다. 나도 그랬다. 그러고 있느라고 당최 쉬는게 어려웠다. 심지어는 죄책감을 내려놓아야 하는데 그러지 못했다며 죄책감을 느끼기도 했다.

이제 나는 이렇게 한다. 완벽하게 쉬려고 하는 대신, 나에게 아주 작은 친절을 하나씩 베푼다. 산책도 하고 밥도 잘 챙겨 먹고 샤워도 하고 잠도 잘 자고 그렇게 다 잘하면 좋겠지만, 안 되면 그냥 하나만, 딱 하나만 하는 거다. 샤워만, 딱 샤워만. 상쾌하게 몸을 씻겨주는 친절함 정도는 나에게 베풀 수 있는 거니까. 그리고 나머지는 대충 하고 하루 종일 트위터 보면서 빈둥거리는 것이다. 죄책감 없이. 왜냐, 나는 샤워를 했으니까! 요가를 풀 시퀀스로 시원하게 쫙쫙 해주면 물론 좋겠지만, 엄두가 안 나면 그냥 10분만, 아니, 딱 5분만 하는 거다. 앉아서 팔을 들어 옆구리만 한 번씩 쭉 늘려준다든가, 무릎을 세우고 편안하게 누워서 다리를 오른쪽, 왼쪽으로 움직여보는 것이다. 그거라도 어딘가! 안 하는 것보다 백배 천배 훌륭하다. 그러고 나서 하루 종일 트위터를 보고 빈둥거리면 된다. 왜냐, 나는 5분이라도 요가를 했으니까!

하루 한 귀퉁이의 시간만 내서 나를 잘 대해주면 된다. 그렇게 차차 나아진다. 속도는 중요하지 않다. 중요한 건 분명히 나아질 거라는 점이다. 이를테면 5분짜리 요가라도 하다 보면 차차 한 시간 풀 시퀀스 요가가 된다. 내가 3년 걸려 알아낸 것이다. 이거 진짜 꿀팁인데.

어떤 위로

"두 달 후에 복직하는 게 걱정이에요"라고 말했을 때 내가
들은 대답은 예상 밖이었고 놀랍게도 큰 위로가 되었다.

"나도 걱정이에요."

진짜로 걱정하는 마음이 묻어나는 어투와 표정이었
다. 그게 왜 그렇게 위로가 되었을까. 하루가 지나도록
뇌리에서 떠나지 않았던 그 말에 붙들려, 누군가를 위로
하는 일에 대해서 계속 생각했다.

어쩌면 내가 너무 좋아하는 사람의 말이라서 그랬
을지도 모른다. 그게 위로가 된 가장 큰 이유일 것이다.
그 사람이 무슨 말을 했어도 나는 위로를 받았을 것이다.
그러나 나도 걱정이라는 말과, 이어지는 진한 한숨 같은
것은 내가 남에게 내 걱정을 털어놓았을 때 흔히 받던 종
류의 위로는 분명 아니었다.

보통은 "너무 걱정하지 마", "막상 복직을 하면 다를
거야", "잘 해낼 거야"라는 말을 들었던 것 같고 나도 자
연히 그런 말이 뒤따라올 것을 예상하거나 혹은 기대했
던 것 같다. 아니면 "아이고 너무 부담스럽겠다"라는 공
감의 말 정도? 그런데 자기도 걱정이라니. 내가 복직해
서 아침에 출근하고 하루를 버티고 매일을 살아갈 일을
걱정하고 있는데, 그걸 같이 걱정하고 있다니. 그 걱정하

는 표정이라니, 그러면서 같이 어떻게 하면 좋을지 궁리하는 모습이라니. 불필요한 긴장과 불안을 철갑처럼 두르고 있던 나를 일순간 무장해제시키는 위로였다. 같이 해줄 사람이 있구나, 혼자 버둥거리지 않아도 되겠구나, 안심이 되었다.

내 삶을 더듬어 떠올려봤다. 누군가에게 나도 이런 위로를 건네본 적이 있었나. 쉽고 섣부르게 남의 걱정을 판단하지 않고, 걱정하는 마음을 있는 그대로 바라보고 함께 걱정하면서도 너무 호들갑스럽지 않고 담담하게 힘이 될 방법을 궁리해본 적이 있었나. 잘 기억이 안 난다. 힘든 일들이 닥치면서 나는 위로를 주기보다 받는 쪽에 늘 서 있게 되었던 것 같다.

다가오는 위로들은 사실 어떤 식이든 대체로 힘이 되고 따뜻했다. 어떤 이들은 "힘을 내"라는 위로는 좋은 위로가 아니라고 한다. 지금 충분히 힘을 내고 있는데 무슨 힘을 더 내라는 것이냐고, 다소 숨 막히는 위로라는 것이다. 나는 일견 동의하면서도, 상투적인 말에 기대서라도 서툴게나마 위로를 건네고 싶은 사람들의 말을 빼앗는 건 아닐까 하는 생각도 든다. 상투적이고 서툰 위로라고 해도 위로를 건네는 마음만큼은 누구보다 진심일 수 있으니까. 어떤 서툰 위로도 아무 말도 하지 않는 것보다는 낫다고 생각한다.

하지만 나는 앞으로 위로를 하게 된다면 좀 더 섬세

하게 노력해보고 싶어졌다. 내 안에는 남에게서 받은 위로들이 많이 쌓여 있다. 위로는 받는 것에 그치지 않고 반드시 흐르게 되어 있으므로 나에게는 남을 위로하기 위한 엄청난 자원이 있는 셈이다. 내 주변의 사람들에게는 희소식이 아닐 수 없다. 그러니 이 힘든 삶을 오늘도 내일도 모레도 잘 버텨주기를.

괜찮음의 증거

오늘 정신과 진료가 있는 날이었다. 주치의는 나의 밝은 안색 때문인지 활짝 웃으며 이렇게 말했다. "저한테 할 말 없으시죠." 정말 없었다. 힘들 때는 구구절절 할 말이 많았다. 이래서 힘들고, 저래서 힘들고, 힘든 게 힘들고, 그만 힘들어야 할 거 같은데 계속 힘들어서 힘들고…. 그런데 이제는 할 말이 딱히 없는 것이다. 왜냐하면 나는 요즘 너무 괜찮기 때문에.

그렇다. 어느새 이렇게 괜찮아졌다. 가끔은 믿기지가 않는다. 정말 괜찮은 게 맞는지 의심하면서 하루가 다 갈 때도 있다. 괜찮으면 그냥 괜찮게 있으면 되는데, 너무 오랫동안 안 괜찮게 살아와서 괜찮은 게 괜찮지가 않다. 더 나쁜 일의 전조 같은 것은 아닐까 불안한 것도 있고(좀 괜찮은 것 같으면 언제나 나쁜 일이 닥쳐오곤 했으니까), 무엇보다 괜찮은 상태를 있는 그대로 두고 보는 방법을 잊어버렸다.

사람들은 괜찮을 때 대체 뭘 하나? 궁금하다. 나는 그냥 더운 날씨를 잘 견디고 병원에 다녀온 나를 칭찬하면서 미역국을 끓여서 저녁밥을 착실히 차려 먹었다. 오는 길에 시장에서 머위잎이 있길래 사서 데쳤는데 너무 써서 하나도 못 먹었다. 대체 이걸 누가 사서 어떻게 해 먹는 것인지도 진심으로 궁금하다.

저녁 설거지를 안 했지만 나는 이것도 칭찬한다. 우울증을 겪으면서 청소와 정리 강박이 생겼다. 내가 통제할 수 있는 것들이 많지 않은 상황에서 내 손과 발을 움직이면 집은 반드시 깨끗해지는, 그 분명한 인과에서 위로와 효능감 같은 걸 느꼈나 보다. 집에 있으면 눈에 보이는 모든 것을 옮기고 치우고 버렸다. 몸은 피곤해서 녹초가 되고 눈도 제대로 못 뜨면서도 집안일을 쉬지 않고 했다. 그런데 보라! 이제는 설거지를 저렇게 싱크대에 쌓아놓고도 마음이 이리 태평하다. 얼마나 큰 발전인가!

솔직히 그냥 귀찮아서 안 했을 가능성도 매우 높지만, 이렇게 거창하게 해석을 하면 더욱 마음이 태평해질 수 있으므로 그런 걸로 하겠다. 저 쌓인 설거지는 분명 우울증의 긴 터널이 거의 끝났다는 신호다. 그렇다고 하고 이제 침대에 눕자. 내일의 나에게 약간 미안하긴 하다 (내일의 나 화이팅).

밤 산책

해가 지기를 기다렸다가 집 밖에 나갔다. 성곽 길을 가려니 모기가 두렵고 대학가로 가자니 마음이 번잡해질 것 같다. 일단 큰 거리로 나와서 고민을 하다가 10년 전에 근무하던 학교로 향했다. 교문이 잠겨 있겠지만 밖에서 운동장이라도 보고 싶었다. 걸어서 지척인데 왜 여태껏 가서 볼 생각을 못했을까. 무려 별이를 낳기 전, 아니, 별이가 내 배 속에도 없을 시절, 그러니까 내가 스물몇 살을 보내던 곳.

학교로 걸어가면서 생각했다. 되돌릴 수 있다면 어떨까. 그 시점에서 무언가를 되돌릴 수 있다면. 그 학교에서 삶의 큰 변화를 겪었다. 가장 큰 변화는 별이를 만난 것인데 별이는 절대 되돌리지 않을 것이다. 별이가 없는 우주를 상상할 수 있나? 절대 없다. 두 번째는 근무 환경이 질적으로 도약한 것이다. 직전 학교에서는 교장에게 괴롭힘을 당하고 동료 교사들에게서는 거의 왕따를 당하면서 허구한 날 교장과 싸우면서 살았다. 한데 여기는 교장도 그렇고 동료들도 매우 젠틀해서 놀랍고 감동이었다. 그런데 나를 향한 인신공격이 사라지자 오히려 학교의 부조리가 객관적으로 더 선명하게 보였다. 이즈음 페미니즘에까지 눈을 떴으니 인생을 편하게 살아갈 운명에서 또 한 발 멀어졌던 것이다.

거기다 육아휴직 후에 완전히 바닥난 체력으로 복직을 했는데 동학년 교사 중에 '전형적으로 한국 남성적인' 교사가 있었고 아직 별이가 어려 만성 수면 부족 상태였던 나는 전투력은 없고 그렇다고 두고만 보는 것도 힘든 상태로 근근이 출근을 했다. 그해 말에 교감이 위례에 혁신학교가 개교한다는 공문을 보여주고 지원해보면 어떻겠느냐고 권했다. 육아에 지쳤고, 바뀌지 않는 학교에 지쳤던 나는 다시 마음이 설렜던 것 같다. 혁신학교에 가서 뭐든 해봐야지! 특히 페미니즘 교육을 향한 이 깊은 이상을 펼쳐보리라! 그렇게 위례별초로 가서 뭘 펼치기는 펼친 것 같은데, 사실 뭘 제대로 펼치기도 전에 부당한 공격을 받고 긴 법정 싸움을 하고… 더 말해 뭐 할까.

그러니 다시 돌아간다면 어떻게 할 것인가. 삶의 큰 변곡점이었던 옛 근무지를 향해 걸으면서 자연스럽게 들 수 있는 질문이었지만 문득 이런 가정법은 정말 쓸데없다는 생각이 들었다. 쓸데없는 질문에 쓸데없이 고민을 쏟으며 옛 시절의 언저리를 걸을 생각을 하니 이게 다 무슨 청승인가 싶었다. 차라리 훌쩍 자란 그때의 학생들을 만나자. 카톡을 보냈다. "나 ○○초 앞인데 나올 사람. 시원한 음료수 먹자."

방학하고 일주일 동안 집 밖으로 한 걸음도 나오지 않았다는, 수시를 준비하는 고3과 얼마 남지 않은 수능을 위해 독서실에서 공부하고 있다는 고3, 이렇게 두 사람이 나왔다. 과일 주스를 하나씩 사 들고 더운 밤길을 걸어 교문 앞에 도착했다. 학교가 많이 변했다고 했는데 어두워서 보이질 않았다.

추억도 회한도 다 내 삶이지만 나는 바로 지금 내가 서 있는 땅을 충실히 디디고 살고 싶다. 오늘 독서실에서 공부하다 밤 산책을 함께 해준 고3 수험생은 10년 전 직접 그린 그림쪽지를 주던 어린이였다. 나는 그것을 아련하게 회상할 필요가 없다. 지금 내 앞에 서 있으니까.

독서실에서 한쪽 어깨를 주무르며 나오는 모습이 안쓰러워서 교문 앞에 선 채로 어깨 마사지를 해줬다. "선생님 이제 된 것 같아요"라며 사양했지만 나는 열심히 한참 더 주물렀다. 내가 얼마나 열심을 다해 주물렀던지 "선생님 무슨 마사지 자격증 있어요? 정말 시원해요" 했다. 진짜 마음과 온 기운을 다 전하고 있으니 시원할 수밖에 없지! 나는 속으로만 생각했다. "공부하다가 잠깐씩 기지개도 켜고, 걷고, 움직이고 그래. 알았지? 수능 망치는 건 생각보다 별거 아닐 수 있어. 근데 몸을 망치는 건 진짜 큰일이다!" 잔소리는 하고 말았다.

학교를 나와 동네를 한참 걷다가 헤어졌다. 나는 함께 걸어줘서 고맙다고 카톡을 보냈다. 일주일간의 칩거를 깨고 나온 친구, 집에서 누워 있는 게 제일 좋다는 그에게서 이런 문자가 왔다. "혼신의 힘을 다했습니다."

혼신의 힘을 다해 함께 걸어준 동네 주민이 있다니
참으로 든든하고 즐겁고 고마운 밤이다.

책과 트라우마

불현듯 책을 써야겠다는 생각이 들었다. 복직을 두 달 앞두고 긴장되고 심란한 차였다. 지난 일을 기록해서 한 권의 책으로 털어내고 나면 새 학교에서의 시작이 조금 덜 어려울 것 같았다. 쓰겠다고 결심하니 거의 4년 치 기억이 순서도 맥락도 없이 머릿속을 드나들었다. 나는 허겁지겁 책상에 앉았다. 기억은 '떡져' 있었다. 어떤 장면이 떠오르면 그게 2017년의 일인지, 2018년의 일인지 기억을 더듬느라 눈알이 바쁘게 움직였다.

  머릿속에 계속해서 떠오르는 문장들을 하나도 놓치고 싶지 않았다. 다른 일을 하다가도 문장이 떠오르면 책상으로 달려가기를 일주일째, 나는 나를 돌보는 일, 별이를 돌보는 일, 그리고 내 과거를 돌보는 일 사이의 균형감각을 완전히 잃어갔다. 그리고 깨달았다. 이렇게 하는 게 아니었다. 책에서 나는 사회적 트라우마로 주저앉은 개인이 안간힘을 써서 일어나는 이야기를 하고 싶은데 그걸 스스로를 다시 주저앉히는 방식으로 할 수는 없다. 너무 소진되지 않을 방법을 찾자. 그동안 나에게 책 작업을 제안했던 출판사들의 명함을 넣어둔 상자를 뒤져서 한 곳을 결정한 후 문자를 보냈다. 3년 전의 제안이 아직 유효할까 싶어 긴장했는데, 어떤 책을 왜 내고 싶은지에 대한 나의 설명을 들은 편집자는 긍정적인 반응을 보였다.

책을 내는 건 전문가의 도움을 받아 천천히 하면 되는 거니까 이제 좀 호흡을 가다듬자고 생각했다. 하지만 어느새 나는 문장과 기억 속에 다시 파묻혀 노트북을 노려보고 있었다. 그동안 어렵사리 체득한 자기 돌봄의 기술도 족족 실패했다. 좋아하는 음악을 듣다가도, 몸을 움직여보다가도, 누워서 요가를 하다가도 벌떡 일어나 노트북 앞에 앉았다. 머릿속에서 수많은 기억과 장면이 폭죽처럼 솟아났다가 별안간 사라졌다. 기억과 장면은 너무 빨리 전환되었기 때문에 손을 바쁘게 움직여야 했다. 머릿속에 갇혀 있던 생각이 하얀 화면 위에 까만 글씨로 나타나는 걸 눈으로 확인하는 일만이 나에게 안정감을 가져다주었다.

두통이 심해졌고 잠을 이어서 잘 수가 없었다. 소화가 안 되고 근육통에 시달렸다. 책 때문인 것 같았다. 하지만 내가 달리 어떻게 하겠는가. 아파도 어쩔 수 없어, 난 이걸 해야 하니까. 아픈 나를 아주 골칫거리 대하듯이 바라보는 냉담한 내가 말했다. 아픈 나에게 다정하지 못한 것은 내 상태가 나쁘다는 분명한 증거였다. 다행히 다음 날이 정신과 상담 진료일이었다.

내가 별일 아니라는 듯 그간의 근황과 아팠던 증상

을 말했을 때, 의사가 말했다. "트라우마 재현의 전형적인 증상으로 보이는데요." 회고록이나 자기치유적 글쓰기는 상담사와 같이 조심스럽게 작업해야 하는 거라고도 덧붙였다.

나는 내가 써놓은 원고도 없이 책을 내겠다고 한 데다 복직이 얼마 남지 않아 글쓰기에 집중할 시간도 별로 없어 조급한 거라고 생각했다. 트라우마가 자극되고 있다는 생각은 전혀 하지 못했다. 이제는 완전히 새로운 페이지로 옮겨 갔다고 믿은 것이다. 의사의 말을 들으니 요즘의 내 상태가 설명이 되었다. 그러니까 플래시백처럼 터져 나오는 지난 기억과 선명하게 되살아나는 어떤 장면들은 트라우마 재현의 증상이었다. 나는 그것을 내가 글을 쓰기 위한 영감이 폭발한 것으로 착각했다. 머릿속에 떠오르는 것들을 손목이 아프게 부지런히 받아 적으면서도 그게 얼마나 스스로를 괴롭히는 일인지 알아차리지 못했다.

소화불량, 불면, 새벽에 깨기, 근육통 등은 모두 2018년에 이고 살던 증상이었다. 이젠 다 괜찮다고 믿고 싶었는데 몸이 기억하고 있었다. 조금 더 낮은 강도로 모두 재현해냈다. 꿈도 그때와 비슷하게 꾸었다. 노트에 메모를 하고 날짜를 적을 때, 무심코 '2018'이라고 쓰기도 했다. 몸의 기억력이란 놀랍기도 하고 경탄스럽기도 하고 고맙기도 하고 짠하기도 하다. 의사는 힘들었던 과거를 글로 다루어보겠다는 욕구나 의지는 좋은 방향이라고 했다. 대신 서두르지 않고 섬세하게, 무리하지 않아야 한다고 했다.

일주일을 꼬박 아픈 뒤에 거짓말처럼 다시 괜찮아졌다. 마치 일주일 치의 고통을 처방받은 것 같았다. 이틀 전 아침, 갑자기 두통이 사라졌고 우울함이 대폭 가셨다는 걸 깨달았다. 언제나 너그러운 몸이 다시 기회를 준 것이다. 이번에는 좀 더 섬세하게 해볼 것이다. 무리하지 않을 것이다. 내가 나를 이렇게까지 아프게 해서는 안 된다는 것을 다시 배운다. 몸이 언제까지나 너그럽지는 않을 것이다.

샤인머스캣과 레고

언젠가 우리 집에 온 손님이 샤인머스캣을 사 왔다. 포도를 싫어하는 별이가 이 청색 포도는 아주 맛이 좋다고 했다. 며칠 전 별이와 생협에서 장을 보는데 별이는 냉큼 샤인머스캣이 세 송이 담겨 있는 상자를 장바구니에 담았다. 4만 얼마라고 쓰인 가격표를 보면서 나는 상자를 장바구니에서 꺼내 제자리에 놓았다. "이거 너무 비싸. 다른 과일 먹자."

장을 보고 나와 생협에서 멀어지는데 샤인머스캣과 그걸 덥석 집어 들던 별이의 작은 손이 자꾸 눈에 어른거린다. 에잇 저게 뭐라고, 사주자. 한 송이씩 파는 곳도 있을 것이다. "우리 그 청색 포도, 먹자!"

생협 맞은편의 홈플러스를 가리키며 앞서 걸어가는 나를 별이가 신나는 표정으로 따라왔다. 거긴 한 송이씩 개별 포장을 해서 팔고 있었다. 가장 싼 게 15,000원이었다. 조금 알이 굵고 큰 것은 17,000원. 딸랑 한 송이를 만원 넘게 주고 사려고 하니 4만 원을 쓰는 것보다도 더 아까운 기분이다. "에이 이거 너무 안 싱싱하다. 우리 다음에 싱싱한 걸로 사 먹자." "그래? 알았어, 그러자." 별이는 무심하게 나보다 먼저 마트를 나섰지만 뒤따르는 내 마음은 조금 찢어졌다.

그 뒤로도 종종 샤인머스캣 생각을 했다. 싸게 먹을 수 있는 제철 과일이 넘치는 여름에 굳이 그렇게 비싼 과일을 먹어야 할까. 하지만 아이가 그렇게 좋아하는데 끝까지 안 사주는 게 맞을까. 아니 근데 샤인머스캣은 왜 그렇게 비싼가!

요사이 레고에 푹 빠진 별이는 레고로 집이나 배 같은 걸 만들어서 거실 바닥에 늘어놓고 있다. 별이의 레고 블록은 대부분 물려받았거나 벼룩시장에서 사서 모은 것들인데 어느 날 별이가 한숨을 쉬며 말했다. "이제 레고가 없어. 다 썼어."

텅 빈 레고 상자를 보면서 나는 샤인머스캣을 생각했다. 레고를 사줘야겠어. 별이에게 필요한 게 뭐냐고 물었다. 별이는 얼마 전에 친구 집에 가서 봤는데 엄청 큰 레고 판이 있었다고, 그거면 자기가 여태까지 만든 걸 모아둘 수 있다고 침을 튀겨가며 설명했다. 나는 온라인 쇼핑몰에서 정품 레고와 호환이 되는(정품이 아니라는 뜻이다) 레고 판을 무려 여섯 장이나 주문했다. 별이는 도로가 그려진 판과 연두색 판, 그리고 바다로 쓰겠다며 파란색 판을 골랐다. 정품은 아니지만 이 정도면 샤인머스캣 생각은 이제 그만해도 되는 거라고 생각했다.

그런데 성북동에 와서 요 며칠 혼자 시간을 보내는 동안 자꾸 레고가 생각났다. 텅 빈 레고 상자가. 화상통화로 별이는 레고 판이 배송되었다며, 거기에 그동안 만든 걸로 큰 도시를 만들었다고 보여줬다. 레고 판을 너무 큰 걸 산 것인지 솔직히 휑했다. 별이에게는 레고 블록이 더 필요했다.

오늘 요가를 마치고 오는 길에 당근마켓에서 '레고'를 검색했다. 중고여도 레고는 비싸다. 레고에 '벌크'를 붙여서 다시 검색했다. 조립 설명서가 없는, 여러 레고가 섞여 있는 블록들을 비닐이나 상자에 담아 판매하는 사람들이 많았다. 하지만 이것도 싸진 않았다. "수백만 원은 썼을 건데… 다 해서 6만 원에 가져가세요"라는 게시물을 보면서도 나는 6만 원이면 너무 비싸다고 생각했다. 수백만 원을 쓴 사람과는 너무 큰 견해 차이였다. 고민 끝에 4만 원짜리 레고를 골랐다. 피규어가 서른 개 정도 있다고 해서였다. 언젠가 별이가 "난 레고로 자동차랑 집이랑 배랑 많이 만들었지만 사람이 없어서 놀지를 못해"라고 말한 게 생각이 났다.

홍제동까지 레고를 가지러 가는 데 기꺼이 나의 저녁 시간을 바치기로 했다. 차가 막히는 퇴근 시간에 시내를 통과해서 홍제동으로 갔다. 막상 받아보니 4만 원치고는 양이 적어서 실망했다. 다른 블록 상자를 하나 더 살까. 나는 차에 앉아서 홍제동으로 동네 설정을 다시 해서 레고를 검색했다. 밖이 어두워지고 있었다. 열어둔 차 문으로 들어온 모기에 물려서 한쪽 팔이 퉁퉁 부어 올랐다. 내가 낯선 동네에서 지금 뭐 하고 있는 건가, 팔을 빡 빡 긁으며 진지하게 자문했다.

새것을 사줄 형편은 안 되고, 그렇다고 마냥 별이의 요구를 내칠 수도 없을 때마다 나는 이렇게 당근마켓 어플을 켜고 낯선 동네를 헤매고 다녔다. 이건 적당한 난이도의, 당장 성과가 눈에 보이는, 할 만한 숙제 같은 일이다. 삶이 던져주는 과제들 사이에서 가장 만만한 과제다. 별이는 당장에 행복해질 것이고 나도 지구와 내 지갑에 유익한 소비를 했다는 보람을 느낄 것이며, 별이는 새로운 장난감에 열중해서 한참 나를 찾지 않을 것이고 딱 그만큼 나의 육아 노동이 수월해질 것이다. 그러니 어떤 양육자가 되어야 할까, 어떤 교사가 되어야 할까, 기후 위기 해결에 어떤 노력을 하며 살아야 할까, 내가 연대해야 할 고통받는 사람들은 누구이며 내가 할 일은 무엇일까 등등의 어렵고 답 안 나오는 고민은 다 제쳐놓고 당근 어플을 보고 있게 되는 것이다.

내일 홍제동에서 받아 온 레고를 가지고 별이를 만난다. 그리고 당근마켓에는 키워드 알림으로 '레고', '레고 벌크'를 등록해두었다.

내 학교다

집 창문에서는 학교가 바로 내려다보인다. 걸어서 출퇴근이 가능할 만큼 가까운 곳에 집을 구하기는 했지만 시야에 직장이 있을 필요는 없었는데. 아침에 일어나 환기를 하면 노란 학교 건물이 눈에 띈다. 아직 출근을 시작하지 않았으므로 어떤 감상이 생기지 않는다. 아직은 그냥 학교다. 도시의 평범한 학교.

오늘 복직원을 들고 그곳에 갔다. 메일로 보낼 수도 있었지만 학교를 직접 보고 싶었다. "저는 10월 1일에 복직하는 교사입니다. 앞으로 잘 부탁드립니다." 학교 정문에서 근무하는 보안관 선생님에게 인사를 건네고 다정한 환대를 받았다. 성북동에 이사 온 지 얼마 안 된 어느 날, 산책을 하다가 학교 정문까지 가서 그 주변을 얼쩡댄 적이 있다. 봄이지만 쌀쌀한 오후였다. 굳게 닫힌 철문 사이로 얼굴을 들이밀고 운동장을 구경하는 나를 수상쩍게 바라보던 분이 바로 이분이었을지 모른다. "제가 바로 그때 주변을 배회하던 그 사람이에요!" 하고 불쑥 말하고 싶었지만, 교양 있게 인사를 마무리하고 정문 안으로 들어섰다.

교무실로 바로 가지 않고 운동장을 잠깐 걸었다. 코

로나 때문에 체육 수업을 안 하는 걸까, 운동장에는 아무도 없었다. 가을볕이 쨍하면서도 덥지는 않았고, 파란 하늘에는 맑은 구름의 견본이라고 할 만한 뭉게구름이 높이 떠 있었다. 제일 먼저 염탐하듯 급식실 안을 들여다봤다. 휴직 기간에 가장 아쉬운 것이 바로 학교 급식이 아니었던가. 여기는 급식 맛이 어떠려나? 오늘 점심을 먹고 가볼까? 배고프다고 하면 설마 야박하게 안 된다고 하진 않겠지? 급식을 향한 향수를 진정시키면서 학생들의 미술작품이 걸려 있는 복도를 천천히 지나 도서실, 전산실, 강당을 찬찬히 둘러보았다. 오래된 건물의 냄새가 났다. 행복과 감사, 긍정과 희망에 대한 경구들이 계단마다 집착적으로 붙어 있었다.

2021년이면 날아다니는 보드 같은 걸 타고 다닐 줄 알았더니 학교 건물은 여전히 낡고 후지다. 때 묻은 벽과 노후한 창틀, 일직선으로 뻗은 낡은 복도에서 재미있고 기발한 학생들의 작품이 볼품을 잃어가고 있었다. 산뜻하고 세련된 공간에 걸렸다면 훨씬 멋지게 보였을 것이다. 근사하고 힙한 공간이 천지인 서울 도심 한복판의 학교가 무슨 타임캡슐에라도 들어가 있는 것처럼 1990년대를 고스란히 간직하고 있다는 게 나는 늘 황당하다. 교직 십수년 차인데 아직도 익숙해지지가 않는다. 이건 웃지 못할 유머 같은 것이다.

조용하던 복도가 교실에서 가방을 다시 고쳐 메며 나

와 실내화를 갈아 신는 아이들로 잠깐 왁자해졌다. 낡고 노후한 데다가 최소한의 미감도 포기한 학교 건물이 아이들이 내지르는 소리와 걷고 뛰는 진동으로 그나마 생명력을 얻는다. 나는 기꺼이 이방인의 신분으로 복도의 풍경을 낯설게 음미했다. 간격을 두고 줄을 세우는 담임 선생님의 얼굴빛과 목소리에 어린이들 사이에서 반나절 동안 기가 빨린 기색이 역력하다. '오늘 하루도 정말 고생 많으셨습니다. 급식 맛있게 드세요.' 속으로 응원했다.

교무실에 들어가서 교감, 교장님과 간단히 인사를 나누고 교과실로 향했다. 여기서 수업을 준비하고, 수업을 돌아보고, 동료들과 수다도 떨겠지. 교과실 선생님들의 환대를 받고 담소를 나눈 후에, 내 과목을 맡은 기간제 선생님에게 인수인계를 받았다. 교과목 지도서를 챙기는 나를 보며 선생님은 아직 출근까지 한 달이나 남았는데 벌써 지도서를 챙기느냐고, 무거운데 놓고 가라고 했다. "당연히 보지는 않을 것 같은데요, 심신 안정용으로 집에 가져다놓으려고요." 나는 웃으며 (보지 않을) 지도서를 꿋꿋하게 챙겼다.

내가 맡은 학년과 과목은 1·2학년 통합교과, 3·5학년 도덕, 5·6학년 실과이다. 그러니까 4학년만 빼고 전교생을 모두 만나는 것이다! 교과전담교사를 여러 해 해봤지만 이렇게 학년과 과목이 뒤섞인 적은 처음이다. 소규모 학교라 어쩔 수 없는가 보다(하고 체념을 하려고 해도 이게 정말 최선인가 하는 의문이 든다). 저학년을 가르쳐 본 게 어언 15년 전이고, 고학년 담임을 했을 때도 실과 는 교과전담 선생님이 맡거나 교환수업을 해서 제대로 가르쳐본 적이 없다. 약간의 연구가 필요하다.

도덕 지도서는 쓸데없이 무겁기만 하다는 걸 알기 에 가져오지 않았다. 내가 다룰 나머지 단원의 주요 가치 덕목만 메모해 왔다. 3학년은 시간 관리와 절약, 공익, 준법, 생명 존중, 자연애 같은 게 있었고, 5학년은 사이버 예절, 준법, 공감, 존중, 갈등 해결, 인권이 있었다. 가슴 에 잠시 손을 얹어본다. 이걸 내가 가르쳐도 되는가. 특 히 시간 관리… 음… 갈등 해결… 음….

학교 건물을 나서자니 운동장 가장자리의 놀이기구 들이 너무 재밌어 보인다. 운동장을 가로질러 달려갔다. 철봉에 매달리다가 정글짐을 타고, 사다리 모양의 늑목 을 타고 올라가 반대편으로 내려오기도 했다. 그늘에 앉 아서 트위터를 하다가 고개를 들어서 하늘을 봤다. 오늘 은 정말 하늘이 높았다. 하늘이 아주 높고 맑았던 날로 학교와 연을 맺은 첫날을 기억하면 되겠다. 이제 여기는 도시의 평범한 그냥 학교가 아니다. 내 학교다.

나오며

일상의 회복이 요원한 채로 2년의 시간을 흘려보낸 뒤 나는 '힘들 자격'에 대해 스스로 묻곤 했다. 각각의 고난에 알맞은 고통의 유효기간이라도 있는 것처럼. 이제는 괜찮아야 해, 이제는 정말 앞으로 나아가야 해, 이렇게 스스로를 몰아세우며 아무렇지 않은 척하다가 나는 결국 백기를 들었다. 2020년 새해 무렵이었다. 그때부터 기록을 시작했다. 뭐라도 적지 않으면 참아낼 수 없었기 때문에 밤마다 뱉어내듯 글을 썼다.

여전히 버겁고 어려운 일상이지만 그래도 일상이라고 부를 만한 어떤 것을 되찾기까지 4년이 걸렸다. 이책에는 그중 마지막 2년만이 담겨 있다. 사실은 처음부터 다시 쓰고 싶었다. 그러니까, 그 모든 일이 벌어졌던 2017년부터 시작하는 글이어야 한다고 생각했다. 진짜로 책이 되어야 할 이야기는 앞의 2년에 있는 것이 아닐까 생각했다. 그래서 편집자님이 그동안의 글을 엮는 것만으로도 충분하다고 했을 때, 나는 믿지 않았다.

견디려고 쓴 글은 그저 견디려고 쓴 글이지, 생각하며 다시 쓰는 작업에 들어갔다. 그러나 다시 쓸 수가 없었다. 시도하는 족족 실패를 했다. 당시의 정황과 심정을 기록한 메모들이 많이 있었지만 그것들을 연결하고 이어내는 것은 역부족이었다. 노트북의 하얀 화면을 막막하게 노려보는 날들이 이어졌다.

그렇게 며칠을 보내자 문득 그 시간들을 다시 펼쳐놓고 복기하는 것이 나의 회복을 위해 반드시 거쳐야 할 과정은 아니라는 깨달음, 그리고 내가 전하고 싶은 마음과 생각과는 무척 거리가 있다는 깨달음에 다다랐다. 비로소 편집자님의 말을 믿고 싶은 마음이 났다. 나는 출판사에서 워드파일로 모아 편집해준 내 글들을 인쇄해 처음부터 읽어 내려갔다.

자기 글을 읽고 울었다고 하면 주책일까. 꼴불견일까. 나는 조금 울었다. 정말 애썼구나, 정말 애썼어, 작게 되뇌면서 원고를 든 채 울었다. 혼자 글을 쓰던 밤의 시간들이 바로 눈앞에 펼쳐지듯 떠올랐다. 그때는 오히려 담담했다. 내가 어떤 터널을 지나고 있는지 몰라서였을 것이다. 지금 내가 얼마나 힘든지를 지금의 나는 모를 수 있다. 지금의 괴로움은 나중의 나만이 알아봐줄 수 있을지 모른다. 나는 뒤늦게 조금 마음이 아팠다.

세상이 점점 더 나빠지고만 있는 것 같을 때마다 버티고 기록하고 연결되겠노라고 다짐하게 된다. 이 책은 그런 작은 다짐들이 쌓여 만들어졌다. 지금을 버텨야 하는 사람들, 지금 내가 얼마나 힘든지 모르지만 '나중의 나'를 믿고 싶은 사람들에게 닿았으면 좋겠다.

독자 북펀드에 참여해주신 분들입니다. 고맙습니다.

감자 감자개발 강지선 강지영 강한결 구름 그리트 기멩 기아람 김나경
김누리 김다희 김도연 김라은 김문숙 김미경 김민주 김보경 김보민
김보은 김소영 김수진 김수현 김시옷 김여진 김영선 김예희 김유나
김윤진 김은정 김지양 김지영 김지은 김지혜 김채윤 김현미 김혜빈
김혜원 김홍차 김휘연 김희수 김희정(3) 꼼토 나래미 나무그늘이지은
나영 나효 남궁영 낱 노루의힘 노미선 다니 다디 달연두 도하 라라라
란 란탄 로터스 링크 모난돌 모리 무지개물살이 무프레 문바다 문성호
문영신 문찬미 문회 민화 밀가루샘 박강희 박근영 박나래 박다솜 박단비
박소영 박수진 박주미 박태근 박혜정 밥동대샘 방소희 방주현 방효신
배영란 배현숙 백모란 백한나 복길 복지혁 부기 부추 사공영
사람사랑사람 생강차 서다은 서로 서상희 서제인 서지연 서현주 성보란
성애안차 손어진 손지은 솔리 송경아 송리나 송민주 송윤미 시와 신기훈
신웅싯 신은희 신의진 심재수 ㅇㄱㅅ 안건희 안자 안지영 안하나 안혜림
양경미 양선아 양유순 양종훈 엄정원 연사인 연자 오서봄 오소영 오유진
외대박소희 우완 울 웃는개 유가빈 유경아 유근춘 유수현 윤범일 윤석주
윤아름 윤아영 윤여관 윤윤 윤은경 윤은주 윤이송 윤정 윤정경
은총이언니 이가영 이건우 이경수 이경희 이광욱 이도연 이땅에사는딸들
이미경 이보나 이보람 이석원 이선웅 이선형 이성지 이세경 이세아
이수현 이윤지 이윤혜 이은경 이은숙 이은정 이이슬 이정미 이지우
이한빈 이해란 이해인 이헌진 이현애 이혜령 이호영 잉여보단한량
잔디 장병순 장순주 전남페미교사 전향 정소영 정수현 정애진 정어리
정지유 정지희 정진숙 정진이 정현경 제이 조윤경 조지연 조한길 조혜정
주윤아 지랭 지영파쿠 진소연 진영 쨈 찌누 차정신 참치멧돼지상훈
채수아 책방79-1 초등샘Z 최문희 최선주 최영빈 최원호 최은실 최지은
최채원 최혜연 컨추리우먼 키작은코스모스 톨네코의대모험 하늘빛
하드캔디 한송정민 한수현 한톨 함예은 헤아리다 현월 현이 현지 현지민
홍명희 홍상희 홍효진 황선영 황주환 황지유 효수재 히치 choco HOE

다시 내가 되는 길에서

초판 1쇄   2022년 8월 20일

지은이   최현희
편집   조소정, 이재현, 조형희
제작   세걸음

펴낸곳   위고
출판등록   2012년 10월 29일 제406-2012-000115호
주소   경기도 파주시 회동길 290 206-제5호
전화   031-946-9276
팩스   031-946-9277

ⓒ 최현희, 2022

hugo@hugobooks.co.kr
hugobooks.co.kr

ISBN 979-11-86602-85-0 03330

이 책 내용의 일부 또는 전부를 재사용하려면 반드시 저작권자와 출판사
양측의 동의를 받아야 합니다.